ほぼ日文庫

HB-011

ほぼ日の怪談　おかえり。

ほぼ日刊イトイ新聞

JN109210

ほぼ日の怪談　おかえり。　もくじ

「怪　その二十　寂しがる幼馴染」

「怪　その四十八　黒い塊になっている」

「怪　その七十四　庭にいた男の子」

「怪　その九十　犬にもお迎えが」

「怪　その百三十七　窓に映る女性」

はウェブコンテンツ「ほぼ日の怪談」未収録です。

本書は、ウェブサイト「ほぼ日刊イトイ新聞」のコンテンツ「ほぼ日の怪談。」に寄せられた読者投稿を、抜粋ならびに再編集して構成したものです。

連載は２００４年にはじまり、今も続いています。内容に記載されている時間や年代は投稿時のままです。

本書の各怪談のタイトルにあるろうそくの数は、編集部の主観的な「こわさ」を表しています。

――――とてもこわい。

――――ややこわい。

――――すこしこわい。

ほぼ日の怪談　おかえり。

怪 その一

女子寮の部屋で

今から18年前のことです。

私は大阪で仕事をしており、女子寮に住んでいました。

その女子寮はかなり古く、昔、墓地だった場所を更地にした後で買い取ったという噂で、おばけを見たという人が周りにたくさんいました。

その寮に入った最初の夏の夜、ふと目が覚めました。

私は普段から寝つきがよく、夜中に起きることが全くないので、何だろう？　と思いながら壁に掛けてある時計を見ると、夜中の2時でした。

丑三つ時だなぁと冗談交じりに思って時計から目を離し、真っすぐ前を向いた瞬間、押入れの上の戸が開いているのが見え、
そこから私を見下ろしている坊主の生首と目が合ってしまいました。

そのまま私は気を失い、こわい夢を見続けて朝を迎えました。

朝になって、今までおばけなんて見たことないし、きっと生首も夢だったんだなぁと思いました。

その日は、あまり話したことのない先輩Yさんと一緒のシフトだったので、会話のネタにしようと、夢に出てきた生首の話をしてみました。

すると、Yさんが急に真面目な顔で言いました。

「K（私です）の部屋って○○○号室でしょ？」

その寮は3号棟まである4階建てで、結構な部屋数だったのに、ピッタリ当てられたのです。

「どうしてわかったんですか？」

と聞くと、Yさんは言いました。

「だって、その部屋で私も同じものを見たから」。

寮の管理をしている総務に泣きついて、部屋を替えてもらったのは言うまでもありません。

部屋が替わったら、仲の良い先輩のTさんがちょくちょく遊びに来てくれるようになりました。

新しい部屋は前の部屋とそんなに離れてなかったので不思議に思い、

「前の部屋の時は全然遊びに来てくれませんでしたよね？」

と、Tさんに何気なく言ってみました。

するとTさんは
「ずっと言いづらかったんだけど、Kの部屋の扉の下から夏でも冷たい空気が流れ出て来てて、怖くて行けなかった」。

凍りつきました。

怪 その二 手のひら全体に感じた

6年ほど前の実体験です。

一人暮らしをしているマンションで、夜、寝ていたときでした。

体質なのか、年に数回、金縛りになることがあり、このときもそうでした。

テレビで、金縛りとは、脳が起きていて身体が寝ている状態で〜、という解説を見たことがあったので、あまりパニックにならず、眠りにつくのを待つことがいつもの対処法でした。

ですがこのときは、黒い何かが自分の上にいるような、重くて嫌ぁな感覚が、強かったのです。

そこで、試しに解いてみよう、と思いました。

手足を思いっきりバタバタさせて、「うわぁぁぁ〜！」と大声を出そう。

しかし、せいいっぱいしているのですが、身体は重くて全く動かず、声も「うぅ……」と小さい唸り声が出てるか出てないか、というぐらいでした。

そのうち眠くなってきて、「もう寝れそう……」と思ったとき、右腕が動かせました。

「あ、動けた」と思い、寝ぼけながら布団の中でパタパタと右腕を動かし、股下に手をやると、

人の顔面をつかんだ感覚が、手のひら全体に広がりました。

人差し指と中指の間から鼻が抜き出て、手のひらで口を塞いでいる、正面からつかんでいる状態でした。

指先の広がりでなんとなく輪郭も伝わってきて、子どもではなく大人の顔な気が

しました。

人の肌の、しっとりとした質感も、手のひら全体に感じました。

恐怖で身体が固まってしまい、気を失ったのか、明け方に目を覚ましました。

4時過ぎくらいでした。

ベッドにはもちろん自分ひとり。

怖かったのですぐにテレビをつけ、通販番組の音で気を紛らわせながら、いつも起きる時間になるまでボーっと横になることにしました。

今も同じマンションに住んでいて、それ以降、そんな怖い体験はありません。

思い出すと、現実ではなく夢だったのかなぁという感覚なのですが、手のひらで感じた感触だけは凄くリアルで、いまだに忘れられません。

怪 その三

人間の真似をしている

梅雨の終わり頃、昼前に、すぐ近くの薬局から自宅マンションへ、ベビーカーを押しながら帰ってきたときのことです。

空気がどんより重く湿っていて、雨も降って視界も良くはなかったのですが、道の向こう側からひとりの女性が歩いてくるのが見えました。

〝少し太った中年女性、足が不自由そう〟と、瞬時に認識したのを覚えています。細い歩道なので、こちらが急いでマンションに入らなくてはすれ違えない、と考えていたのですが、

ふと、女性の姿に違和感を覚えて、まじまじと見つめてしまいました。

黒いマスクをしている、と最初思ったのですが、そうではなくて、穴が空いたように、顔がなかったんです。

帽子からパーマのかかった毛も見えていて、上はグレーのウィンドブレーカー、下は花柄のズボンと、いたって普通の中年女性の服装。

でも、顔だけが「ない」、もしくは「見えない」んです。

あとは、歩き方です。

どう見ても腰から下が、ぶらぶらというかくねくねというか、横に揺れているん

です。

「歩いているように見える」だけで、歩いているわけではない。

「人間ではないかもしれない」とぼんやり思いました。

なぜか、「人間の真似をしているだけだ」と。

ふしぎと怖いとは思いませんでした。

そのとき、ベビーカーの中から赤ちゃんが声をあげたので、「ごめんね、もうすぐおうちだよ」と声をかけました。

ベビーカーから顔を上げると、10ｍくらい離れていたはずの「それ」が、瞬時に、5ｍほど手前に移動していました。

「あ、まずい」と思い、ベビーカーを全速力で押して左折し、マンションの敷地内に入りました。

エントランスまでのアプローチは小さな公園のようになっており、敷地はぐるりと塀で囲まれ、歩道側には大きな門が立っています。

その門をくぐり終えたとき、わたしのすぐ背中に「それ」が立っているような気がして、振り返ることができませんでした。

門をくぐってからは何事もなく、無事に家に帰れたのですが、あれは一体なんだったのでしょうか？

怪 その四　うしろのタクシー

今から10年ほど前のことです。

夜9時頃、車で信号待ちをしていた時のこと。

ふとバックミラーを見ると、うしろには少し離れてタクシーが止まっていました。

タクシーの運転手がバインダーに業務日誌をつけているかのように見え、バインダーの裏側に、何か文字が書かれていました。

「親の仇」

しかも、その運転手は明らかにこちらのバックミラーに見えるようにその文字を掲げていました。

信号が青になったので私は車を走らせ、さっきの出来事は見間違いだったのだろうと思い込むようにしました。

しばらくして信号にひっかかると、またうしろのタクシーの運転手はバインダーを掲げ、再び見せてきました。

「親の仇」

その後は恐ろしくなったので脇道に入るとタクシーはついて来ず、助かりましたが、あの出来事はいったいなんだったんだろうと、今も書きながらも背筋がゾクっとしております。

怪 その五 夏のごあいさつ？

友人の話です。

取引先の担当の方が、重い病を患われました。

ほんとうに仕事が好きな方で、治療しながら仕事を続け、入院する直前まで出社されていましたが、とうとう亡くなりました。

そのNさんが亡くなって3年目の夏の日、友人はお昼過ぎにウトウトお昼寝をしていました。

夢でマンションのエレベーターに乗っていると、開いた扉からNさんが乗り込んできました。

思わず「あら、Nさん、どうしたの?」と話しかけると、

Nさんは「お盆だからね」って答えました。

あ! Nさん亡くなったんだ、と思った友人は、「だめだよ、こんなとこにいたら」と言ったところで、目が覚めました。

目が覚めても、ものすごくリアルで、Nさんほんとうに来たな、と思った友人は、すぐに会社のチームの後輩に「今、Nさんが来たよ!」とメールしました。

後輩からの返信は

「実は去年の夏、Nさんからメールが来たんです。

でも怖くてメールは開けてません。

削除もできないんです」。

後輩は、怖すぎて誰にも言えなかったそうです。

怪 その六

だいたい気のせいじゃない

幼い頃から霊感がある私。

なんだか怖いと感じることや、なにか見えた気がすると思うことは、だいたい「気のせいじゃない」のです。

4年前のある夏の日、当時お付き合いしていた男性と夜中に電話をしていました。

家族も寝静まり、誰もいないリビングで、ウトウトしながら話していました。

すると突然、髪の長い女性が、這いつくばるような姿で足元にいるのが、フラッシュバックのように一瞬見えた気がしました。

彼に言うのすら怖く、「気のせい、気のせい……」と必死に心の中で自分に言い聞かせていました。

すると、電話口の彼から
「あれ、今お母さんか誰か隣にいる?」

と言われました。

私は恐怖で内心凍りつきながらも「え、どうして？」と聞き返すと、

「君じゃない女の人の喋り声が聞こえてきたから」

と。

怖くて怖くて、猛ダッシュして、家族の寝ている部屋まで走りました。

怪 その七　「フォン！」と返事をして

数年前の10月に、我が家のワンコが闘病の末、亡くなりました。

次の1月がくれば、10歳になるはずでした。

鼻歌のようにフッフーと言うと、「フォン！」と返事をして、廊下を爪でカチャカチャと鳴らしながらそばに来てくれる、かわいいワンコでした。

1月の誕生日のその日、生きていれば10歳だねと母と話し、何気なくフッフーと言ってみると。

「フォン！」と返事をして、廊下を爪でカチャカチャと鳴らしながら近寄ってくる音がしてきたのです。

母と私は、ワンコがいつも入ってくるドアを見つめていました。

でも、やはり、ワンコが入ってくることはありませんでした。

それでも、母と私が同時にワンコの声と爪の音を聞いたのは確かなのです。

ワンコがそばに来てくれたんだと思っています。

怪 その八

夜中のランニング

10年以上前に、私の兄が体験した話です。

兄はダイエットのためにランニングをしていましたが、誰にも会いたくないので夜中に走っていました。

ある日の夜中、近所のお寺の前を走っていたら、電柱の影から目の前に突然、おばあさんが飛び出てきて、すごい形相で何やら意味のわからない、叫び声のような罵声を浴びせられたそうです。

びっくりしてムッときた兄は「何言ってんだ！　あんた!!」と言い返して、そのまま走って帰ったそうです。

次の日の朝、お寺の近くに変なおばあさんが住んでいないか？　と私と母は兄から尋ねられました。

思い当たる人もおらず、私がどんな服装だったか聞いたところ、もんぺをはいた、昔ながらの、農作業をするような格好だったということでした。

なんか気味悪いね〜、なんて言いながらその話はそこで終わりました。

しかし、2日程たって兄がぽつりと、

「この前のおばあさん、人間じゃなかった。」

と言ってきたのです。

兄が仕事帰りに、車でお寺の前を通った時に、あのおばあさんが、うつむいて立ったままの姿勢で、お墓の上の方に浮いているのを見たそうです。

兄はそれ以来その道を通らず、遠回りして帰って来るようになりました。

怪 その九

その人だけはこわい

10年程前のこと。

むかしは定時制の学校だったという建物で働いていました。

「出る」という噂のある場所だったのですが、私自身は何も見たことがありませんでした。

ある時、いわゆる「見える人」と一緒に働くことになり、雑談のなかで「この建物って何かいます?」と聞いてみました。

その方の返事は、「うん、いるよ~」でした。

しかも、「早い人」と「長い人」と「青い人」がいるんだとか。

「早い人」と「長い人」は通りすぎるだけだから大丈夫、とも。ただ。

「青い人」だけは「ちょっとこわい」とのことでした。

怪 その十

サービスエリアのトイレから

今から13年前のこと、私は出産を控え、まもなく実家へ帰る予定でした。その前に、両親が実家から車で、私の飼っていたリスと荷物を運ぶために上京しており、その帰りの母の体験です。

実家に朝着くために、両親は私の家を夜、出発していきました。

朝になり、無事に着いたよと電話がありましたが、母から、こんな話がありました。

真夜中にトイレにいきたくなり、途中SA（サービスエリア）に寄り、トイレにいったところ、工事中で、母のほかは誰もいなかったそうです。

突然、ぞっとする視線のようなものを感じ、異様な寒気がしたので、早く用を済ませてトイレのカギを開けようとしたところ、カギが開かず、「閉じ込められた？」と感じたそうです。

必死にカギを無理やり回したのですが、ゆっくり、何者かが力で戻すように、またカギが元に戻り、閉まってしまったそうです。

邪なイメージと胸苦しさとぞっとする寒さで、必死にカギと格闘し、やっと開けて慌てて車に戻り、一部始終を父に話しても、寝ぼけていたんだろう、と取り合ってくれなかったそうです。

そして走り始めたところ、腐ったような異様なにおいが。

母はリスが臭いのだと思い、父は、母が車に戻ってから変なにおいがしたと感じ、窓を開けてもにおいはしばらくしていたのだそうです。

無事に家に戻り、疲れていたためお風呂に入ったところ、母の腰の両側部分に焼けるような痛みがあり、鏡でその部分を見てみると丸い輪っかが、まるできれいにお茶碗を二つ伏せたような痕が腰の両側に焼印のようにくっきり付いていたのだ、とのこと……。

その焼印のような痕と痛みはしばらく消えなかったようです。

一体、あの時の母は、車に何を一緒に乗せたのでしょうね？

ＳＡのトイレは、今も怖い、という母です。

怪　その十一

いつもの笑顔とやさしい声

今から20年前になりますが、父方の祖父が亡くなりました。

祖父は兼業農家をしており、私が小さい頃は毎年、稲刈りのお手伝いに駆り出されていました。

稲刈りはつらくて大変でしたが、終わったら祖父が近くの川へ泳ぎに連れて行ってくれたり、浜辺でBBQをしてくれたので、疲れが吹き飛んだのを覚えています。

日頃からよく宴会をしていて、私たち一家が祖父の家に行くと、「来たか！」とうれしそうに笑顔で迎えてくれました。

その祖父が亡くなった時、私は大阪で働いていたので、同じく大阪の大学に通っていた妹と一緒に実家に帰り、家族全員で祖父の家に向かいました。

たまたま車から降りた順番で私が先頭になり、何と言って入ればいいのか考えながら玄関の扉を開けた時です。

玄関を上がってすぐのところで、祖父がいつもの笑顔で
「来たか！」

と迎えてくれました。

一瞬、何をしに祖父の家に来たのかわからなくなった私は、少し困惑して、うしろにいた妹と顔を見合わせました。

そして、もう一度前を向くと、そこには祖父ではなく、伯父がいたのです。

祖父と伯父は顔も声も全然違うのでおかしいなぁと思いつつ
「あ〜ビックリした。

おじいちゃんに見えた」

とつぶやいた途端、うしろから妹が、

「私も！　私もおじいちゃんに見えた！」

と言うのです。

みんなは見間違えたんだと言って信じてくれませんでしたが、あの「来たか！」という、いつものやさしい声とうれしそうな笑顔を忘れるわけがありません。

「絶対におじいちゃんやったよ！」

と言うと、叔母が
「遠い所からわざわざ来てくれて、おじいちゃんうれしかったんやろ。あんたたちの顔を見に来たんやね」
と涙をぬぐっていました。
今でも、この時のことを思い出すたびに、祖父の「来たか！」というやさしい声が思い出されて、涙が溢れてきます。

怪 その十二　恋心の生き霊

アルバイト先での話です。

ある日、とてもにこやかで感じのよい接客をする女の子が辞めていきました。

「正社員として就職が決まり、アルバイトができなくなる」、それが理由でしたが、もうひとつ、彼女から聞いていたことがあります。

「バイト仲間を好きになってしまったが、自分に興味がないのがわかるので苦しくてたまらない。

自分と他の女の子に対する態度が違うのが、つらくてしかたない……」

彼女が辞めてしばらく経った日のことです。

その彼女が好きになったという青年がレジを担当した日でした。

その時はお客さまが少なく、気が緩んでいたのでしょう。

青年は隣のレジの女の子とおしゃべりをしていました。

（お客さまにも気づかないで…、後で注意しなきゃ。）

そう思った時、女の子の声が聞こえました。

「いらっしゃいませ」

アルバイトが終わる頃、私たちは気付きました。

あの時の声が、辞めていった彼女の声によく似ていたこと。

あの時は誰も「いらっしゃいませ」と言っていなかったこと。

その日の帰り、青年が私を呼び止めて言いました。

「あの人、いるんですかね……」

ただならぬ様子だったので話を聞くと、夜中、彼が寝ていると「しゅっ、しゅっ」

と衣擦れの音がしたそうです。

ぼんやり見えたのは、浴衣の裾と白い足。

みなで行った花火大会に彼女が着てきた浴衣と、同じ柄だったそうです。

怪 その十三　納戸の奥から来る

5年くらい前に建て替えてしまったのですが、私の実家は戦前からある日本家屋でした。

水屋と呼ばれる台所やトイレは家の端っこの半分外みたいな場所にあり、そのトイレからすぐのところに秋葉神社のちいさなお社がありました。

ボロかったのですが、夜になるとあるはずの無い大きな朱色の鳥居が見えたりしてたので、ちゃんと機能してたのだと思います。

そこ自体はこわい感じはしなかったので何も思わなかったのですが、そちらの方に向かって入り口のある細長い納戸が、なぜかすごく苦手でした。

昔の家というのは、電気をつけても薄暗いもので、奥の方は懐中電灯をつけないと何があるかわからない状態でした。

その奥の方をじっと見つめていると、ブラックホールの様に空間が渦を巻いていて、兵隊さんの行列（テレビなどで見る出征の様子みたいな感じ）がこっちに向かって来るのが見えるのです。

はじめはボンヤリしか見えませんが、段々足音などが聞こえ、くっきり見えました。

一度だけ、近くで見ようと思って我慢して見つめていたことがあるのですが、かまわず進んで来る先頭の人に蹴られそうになって、慌てて逃げました。

それからはどうしても、中のものが必要な時は、決して目線を奥にやらないようにして、生活していました。

中学を卒業する頃には見えなくなりました。

怪 その十四 外出許可の理由

新築の病院に勤める母が、その病棟で初めて聞いた不思議な話です。

ある日、入院していたおじいさんがどうしても外出したいとお願いしていたそうです。

その方はあまり体調が良くないので、病院としては外出許可は出せずにいました。

でも、どうしてもと頼むのだそうです。

普段、そんなに無理を言う方ではないので、なぜそんなに外出したいのか理由を聞いてみました。

まえに一緒の病室で、もう亡くなった、仲のよかった○○さんが毎晩、窓の外に立つのだそうです。

「きっと拝みに来いって言ってるんだ。

頼むから行かせてくれ。」

と仰ったそうです。

もちろん3階の窓の外は、人が立てる場所などありませんから、他の人では、とは思えません。

結局、それなら仕方ないね、と数時間だけ許可が下りたそうです。

亡くなった方が毎晩来る、という理由で外出許可が出るということに、びっくりしました。

そういったことは日常茶飯事なのでしょう。

あらためて病院はそちらの世界と近い場所にあるんだなと思いました。

怪 その十五　誰かがいるということは

友人から聞いた話です。

ある人がひとり暮らしをするので、部屋を探していました。

みつけた物件は駅近・家賃安・広いと三拍子そろった部屋でした。

周りの人が「絶対オバケとか出る！」と言うくらいのよい条件でした。

しばらくは何もなく過ごしていたそうですが妙な気配を感じるようになり、金縛りにあうなどして、その人は部屋にはいられなくなりました。

ベタな展開で〝知り合いの霊能力者〟に聞いてもらうことに。

霊能力者は、

「その部屋を頭に浮かべて……。

家の玄関から入って家中の窓を開けていって」

と。

その部屋の持ち主と友人ふたりは、頭の中で例の部屋の窓という窓を開けていきました。

「では、いったん外に出て今度は窓を閉めていって」

「もう一度、開けていって」

「閉めて」

数回繰り返したのちに、友人ふたりに対して
「家の中で誰かに会った？

たとえば家主や友人や動物などの生き物に」

と聞きました。

友人ふたりは、

「いいえ。誰にも会いませんでした」

「誰かに会うということは、そこに無意識のうちに誰かが〝いる〟ということを感じているのです。

たとえばキッチンに母親がいたと感じたら、そこには〝何か〟います」

と。

持ち主に同じことを聞くと

「いえ、家の中には誰もいませんでした。

でもベランダの窓を開けたら外に子どもがギッシリいて、こっちを向いていました」。

怪 その十六 学校のトイレで

私の友だちが体験した話です。

中学の時、放課後にソフトテニス部の練習があり、少し暗くなった頃に終わりになったそうです。

体育館横にある少し古いトイレへ、友だちは仲間たちと連れ立って足を運びました。

個室がいくつかと水道、水道のところの壁には、鏡。

いわゆる普通のトイレだったそうです。

みなが手を洗っている時でした。

突然ひとりの子が、「キャーッ!!」と悲鳴をあげ、トイレを飛び出してしまったそうです。

慌てた友だちも、他の子たちも、その子を追いました。

「どうしたの!?」

怯えている子に声をかけると、

「今、鏡に白いものが映った！　横切っていったの！」

友人たちは驚きましたが、他にそれを見た子はいませんでした。

「よし、もう一回行ってみよう！」

思いきって、みんなで再びトイレへ引き返したそうです。

おっかなびっくり、友人たちは入口の扉を開けて中を確認しました。

ですが、みんな、言葉を失ってしまったそうです。
自分たちが手を洗った水道。
その壁の、鏡のあるべき場所には、古くなった接着剤の跡が残っているだけでした。
そのトイレには、鏡が無かったのです。

怪 その十七　事件のあったペンション

今から20年ほど前、私が短大生だった頃の話です。
8月の暑い夜、友人の運転で男子2人、女子3人で夜のドライブをしていました。
とくに行き先などの目的もなく走っていたのですが、誰かが
「今から心霊スポットに行こう！」
と言い出しました。
私はあまり気が進まなかったのですが、目的もなかったので行くことになりました。

行き先は、何年か前に経営している夫婦が殺害されたというペンションでした。

噂では、夫婦の霊が出ると有名な場所でした。

場所はあまり覚えてないのですが、山の中腹あたりにペンションはあったと思います。

ペンションに到着し、車を止めたら、友人が
「ここまで来たから中に入ってみよう！」

と言い出したのです。

私はあまり霊感はないのですが、たまに出くわすことがあったので
「絶対に行かない！」

と車に残ることにしました。

男の友人も怖くて行けないと言うので2人で車に残り、
あとの3人がペンションの中に入って行きました。

ペンションは中に人が入れないように有刺鉄線がしてあったのですが、当時は有名な心霊スポットになっていたので、人が通れるぐらいの空間が開いてました。

そこから3人が入って行き、15分ほどして車に戻って来ました。

「中に入ったけど壁に落書きがいっぱいしてあるぐらいで、何もなかったよ～」

と中の様子を報告してくれて、そろそろ帰ろうかとなった時、友人のひとりが
「えっ……何で？」

と言いながらペンションの方を眺めていました。

視線の先の方を見てみると、有刺鉄線の中のペンションの敷地内に、古い、埃を被った白い車が駐まっていました。

その車は事件後から動かしてないのか、雑草が生い茂る中にありました。

とくに変わった様子もなかったので
「どうしたの？」

と聞いてみると、

「何で？　何であの車ライトが点いてるの……？」

もう一度その車を見てみると、車のスモールライトがうっすらと点いていました。

私たち５人全員で見てしまった後、全員無言のまま友人の運転で急いで山を下りました。

その後何年かしてペンションは取り壊されたらしいのですが、夏のゾワッとする

体験でした。

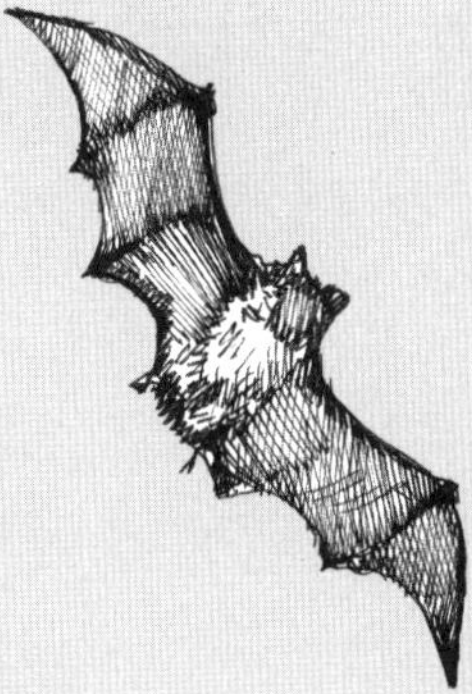

怪 その十八

ベランダのTシャツ

これは職場の先輩の体験談です。

先輩は今の職場に入社して、関東の支社に配属されました。

会社の独身寮に入居しましたが、幽霊や超常現象の類をまったく信じていなかった先輩は、当時、幽霊が出ると噂があったために長年空き部屋となっていた部屋に自ら希望して入居したそうです。

その部屋は長年使われていなかったため、カビ臭く、埃もたまっていましたが、日当たりもよく明るい部屋で、幽霊とは無縁な感じでした。

しばらく生活をしてみましたが、噂の幽霊が出ることもなく、快適に過ごしていたそうです。

それからしばらく経ったある夏の暑い夜。

当時は部屋にエアコンなどもついていなかったため、ベランダ側の窓を開けたままで寝ていると、夜中の2時くらいに、何かの気配を感じ、ふと目が覚めたそうです。

何気なく窓からベランダに視線を向けた時、物干し竿に掛けっぱなしにしていたTシャツが視界に入ってきました。

ぼーっとそのTシャツを見ていると、突然、「にゅう」っという感じで両袖から腕が出てきたそうです。

あまりに突然のことで固まってしまった先輩は、目を逸らすこともできず、じっと見ていると、歩いているかのようにぶらぶらと左右の腕が前後にゆっくりと動き始めました。

次第に
「ぶらぶらぶらぶらぶらぶらぶらぶらぶらぶら」

激しく動き、

「カタカタカタカタカタカタ」

とハンガーごと先輩を目掛けて迫ってきました。

ハッと我に返った先輩は部屋を飛び出し、助けを求めて同僚の部屋へ転がり込み、朝まで一睡もできずに過ごしたそうです。

怪 その十九

猫の目の中

あれは私が中学2年の頃のお話です。

その頃は、母と妹と3人で古い団地に住んでいました。

妹は空手を習っていたため、塾の時間は私がひとりで留守番をすることが多く、あの夏の夜も、いつものように妹が空手に行き、その迎えに母が出かけ、家にひとりになった時でした。

家で飼っている猫が、ひざの上に乗ったままジッと天井を見上げているのです。

「さっきから上見て、どーしたの?」

と猫の目を覗き込んだ瞬間
〝やばい〟

直感でそう思いました。

すぐ目を離しましたが、猫の目の中、つまり私の頭上、着物を着た長い髪の女性がこちらを見ていて、目が合ってしまったのです。

相変わらず天井を見つめる猫をひざに乗せたまま頭の中はパニックで、どうしよう、ここから逃げたい、でも外は真っ暗だし逃げたところで怖い。

どうしよう、動けない、上も怖くて見られない。

考えながら冷や汗と夏の暑さで汗がダラダラと出てきて、恐怖でいっぱいになった時、母と妹が帰ってきて、金縛りが解けたかのように走って玄関へ逃げました。

妹に確認してもらっても何もいませんでしたが、たしかにあそこにいた、と今でも言えるほどハッキリと覚えています。

今は団地から引っ越してしまいましたが、猫がどこかを見つめていると、あの日を思い出して冷や汗が出ます。

怪 その二十　寂しがる幼馴染

17歳の時、幼馴染が亡くなりました。

5年近くの闘病生活でしたが、私にとっては大ショックでした。

葬儀も終わって、母から、四十九日でお骨をお墓に納める前に、お線香をあげに行ったほうがいいよ、と言われました。

しかし、ご両親は働いているし、いつ行ったらいいのか…と悩んでいるうちに、どんどん四十九日が迫ってきました。

そんな時、私の夢にその幼馴染が出てきました。

病院に入院していた頃と同じ、パジャマ姿で私の手を握り、「寂しいよ、私寂しいよ！」とおいおい泣くのです。

私はどうしたらいいのかわからなくて、何も声をかけてあげられませんでした。

朝目が覚めて、とにかく今日はお線香をあげさせてもらおう、と彼女の家へと出かけました。

すると彼女のお母さんが「仕事の都合もあったから、昨日納骨してきたのよ」と言うのです。

ずっと入院していたから、やっと帰ってきた自分の家から離れたくなかったのか。

それとも私に見送ってほしかったのでしょうか。

確かめようもありません。

もうじき、彼女の命日です。

私だけ、年をとってしまって申し訳ない気持ちもありますが、いつか私がおばあちゃんになってあの世へ行く時、17歳の彼女は迎えにきてくれるのではないかな、と思っています。

そしたらもう、寂しくないですよね。

でも、もう少し、待ってほしいです。

怪 その二十一　前の席のちいさな手

もう10年以上も前の出来事です。

当時、私は電車で通勤していました。

まだ午後の早い時間に帰宅するために電車に乗った時の、少し不思議な体験です。

その電車の座席は、進行方向を向いて並んでいました。

私は、二人掛けの座席の窓側に座り、ぼんやり外を眺めていたのですが、ふと前の席が気になり、そちらに目をやったのです。

各座席の窓側には、飲み物をおけるくらいの小さな台があり、前の席の背もたれと窓の隙間から、ちいさな手がひょこっと伸び、その台に置かれたのが見えました。

ふっくらした、かわいらしい手です。

前の二人掛けの通路側には男性が座っており、その頭が背もたれの上からのぞいています。

窓側には、先ほど見えた手のサイズからして、ちいさな子が座っているようです。

ひとりで座っているのかしら……、などと少し不思議に思っていたところ、電車が次の駅に停まりました。

たくさんの人が乗り込んできます。

前の席、通路側の男性が、窓際の席に無言ですっと移動しました。

窓側の席に、ちいさい子なんて、座っていなかったのです。

でも、私が見たあの手は、確かに子どものものだったのに……。

数駅先で、私も電車を降りました。

天気の良い日で、電車内に不穏な気配などまったくなかったのですが、前の席を確認することは、できませんでした。

怪 その二十二 娘のひとり暮らし

今から2年前に、娘がひとり暮らしをはじめました。

住んで間もなく、夜になると毎晩、お風呂場と洗面所から大きな物音がしたりリビングの方まで誰かがドタドタ歩いてくる音が聞こえてきたそうです。

お部屋はいつも湿っていて、服や靴はカビだらけ。

夏でもクーラーを入れなかった、とのこと。

娘と会うたびに全身真っ黒の服を着ているので
「なんでいつも会う時は全身真っ黒なの？」

と聞いても娘はまったく自覚していませんでした。

そのうち、顔が真っ茶色になり、覇気がなくなってきたので、

「なんか顔色も悪いし、家に戻ってきなさい！」

と言って1年と少しでマンションを引越して、実家に帰って来ることになったのです。

引越し当日に、部屋の荷物出しを終えた娘から電話があり、

「電気のスイッチ周りの壁紙に手形がたくさん付いていて、掃除しても取れないけどどうしよう？」

と言ってきました。

震えました。

引越し業者がうちに着く頃、家の犬が震えはじめ、業者が荷物を入れるまで震えていました。

荷物を入れた部屋に、犬は絶対に入らず、そのかわりに猫がなぜか入り浸ってしました。

実家に帰って9カ月経ち、娘はすっかり顔色も良くなり、元気いっぱいです。

図太い娘で良かったです。

怪 その二十三

自転車に乗った影

それは11年前の冬の夜でした。

師走に待望の子どもを授かりました。

その日は産後間もないこともあって、家内はまだ産婦人科のクリニックに入院をしていました。

いつものように勤め先からの帰宅の途中でクリニックに立ち寄り、産まれたばかりの子どもの顔を見て、家内としばらく話をして、午後7時過ぎに帰宅をしました。

当時、犬を飼っていたため、日課となっている散歩は欠かせませんでした。

すでに日が落ちて、歩いている人のほとんどいない暗い田舎の道を愛犬と一緒に散歩をすることになりました。

しばらくブラブラと歩いていると、前方から自転車に乗った男のシルエットがフラフラとこっちに向かっていることに気がつきました。

でもなぜか、かなり近づいて来ているにもかかわらず、真っ黒な影のようで、顔の輪郭や表情、着ている服などまったく分かりません。

「ん……？　幽霊？」と思いながらすれ違う瞬間、男の顔の部分が突然発光し、その顔がはっきりと夜の闇に浮かび上がりました。

驚いて思わず男の顔を反射的に見てしまったのですが、顔には鼻も口もなく、15センチくらいの巨大な眼が顔の中心部分にひとつあるだけです。

しかも、邪悪な感じのする視線をこっちに向けているではありませんか。

あまりの怖さに息が詰まりそうになり、声になりません。

これはかなり危ないと思い、急いで愛犬の紐を引っ張って、ガクガクと震える足でその場から無我夢中で逃げ出したのですが、5秒くらい経ったところでどうしても後ろが気になってしまい、見てはいけないと思いつつも、後ろを振り向くと。

自転車に乗った黒い影が、片足をついて、振り返ってこちらを「じーっ」と見ていました。

「うわっ！　こっちを見てる！」

自宅まで愛犬を抱え、猛ダッシュで帰りました。

怪 その二十四　その時、私は

これは我が家の不思議体験です。

当時大学生だった私は、卒業制作に追われていました。

母が熱を出して寝込んでいるというのに、その日も学校に泊まり込みで作品づくりをすることになってしまいました。

母の様子を気にかけながらの徹夜作業でした。

一夜明け、私は大急ぎで帰宅の途につきました。

片道二時間の道のりです。

始発電車は空いていました。

座ると、徹夜の疲れで睡魔に襲われました。

私は降車駅までぐっすり眠り込んでしまいました。

「ただいま!」

帰宅した私が居間のドアを開けると、母と妹が不安げな顔でこちらを振り返りました。

「……ほんとうにK(私)、だよね?」

ふたりの話では、一時間ほどまえにも「私」が帰宅してきた、というのです。

熱が下がった母と妹は、その時も居間にいました。

ガチャっ。

玄関の鍵を開ける音が聞こえたそうです。

「ただいま……」

声の主は、トントンと二階に上がっていきました。

「お姉ちゃん、帰ってきたね」

しかし、いくら待っても、「私」は居間に降りてきません。

妹が様子を見に行きましたが、家の中のどこにも姿はなく、もしや事故にでも?

と心配していたのだそうです。

ふたり一緒に聞いたのだから、聞き間違いじゃない。

母も妹も真剣でした。

その時刻の私は？

電車の中で眠っていました。

母の様子を案じて、私は二度も帰宅してしまったのでしょうか？

その時、どんな夢を見ていたか、記憶はまったくありません。

怪 その二十五 黒い服の男

これは今から8年前の事です。

当時私の祖母は持病の糖尿病が悪化し、80歳を過ぎた頃に失明したため、老人介護施設に入所。

私の母はその介護施設のご厚意で、施設の事務員として働きながら、自分の親の面倒を見ておりました。

ある日の夕方、祖母が施設の自室のベッドで横になっていると、様子を見に来た

母に
「私の枕元にずっと立っている黒い服の男は誰だい？」

と聞いてきたそうです。

目が見えないはずの祖母が「黒い服の男」というので、母は驚きましたが、何か夢か幻でも見ているのだろうと「そんな人いないよ」と答えました。

しかし祖母は、

「いや、誰か来てる、真っ黒い人。

黒い帽子に黒い服。

何もしゃべらない、枕元でずっと私を見ている」

と繰り返し話すので、不思議に思ったそうですが、「大丈夫、誰もいないよ」と適当にあしらっていたそうです。

その2日後、祖母は亡くなりました。

母は葬儀の席でこの話を親族にしたところ、親族は口々に
「旦那さん（私の祖父）が迎えに来てくれたんだねぇ」

と言っていました。

しかし、母は私には
「絶対違う。おばあちゃんはあの時、まるで知らない人が来ているような言い方だったし、なぜかとても怖がってた」
と話していました。
あの時、盲目の祖母だけに見えていた黒い服の男は何者だったのでしょうか。

怪 その二十六 暴風雨の中の声

学生の頃、下宿をしてひとり暮らしをはじめました。

試験やレポートが落ち着いた秋頃、とても大きな台風がきて、最接近する日は暴風と大雨で、朝からアパートにいました。

風がひどく、外にも出られずに、夜になってもあまり眠くなかったのですが、日付が変わりそうな時に布団に入りました。

その時、部屋の外、アパートの共用部の廊下から誰かの声が聞こえました。

耳を澄ませると、

「すみません……すみませーん」

と、女性のか細い声が聞こえてきました。

そういえば、台風で冠水して車が動かなくて困っている人がニュースに出ていたと思い出した私は、起きて、玄関まで行きました。

「すみません、すみませぇん」

ずっと部屋の外から聞こえる声に、ふと違和感を覚えました。

どうして困っているのに、すみませんしか言わないのだろう、と。

車が壊れたとか、怪我をした人がいるなら警察や消防を呼ぶのに、と思った時、もしかして泥棒かもしれないと、開けかけた扉の鍵を離しました。

ひとり暮らしで、真夜中ということもあり、万が一があっては大変だと警戒をしていたのです。

「すみませーん、すみません…すみま…」

段々と声は聞こえなくなり、後は台風の暴風と雨の音だけが聞こえました。

そういえば、アパートに入ってくる足音や出ていく物音は聞こえなかったとも気がつき、変な人もいるものだと思いながらその日は眠りました。

その台風の日の出来事は奇妙だったのですが、とくに事件やトラブルもなく、私は引っ越しをしました。

まったく別の地域の、静かな街です。

引っ越しをしてしばらく経った夏の終わり頃、大きな台風が接近しました。

最接近すると予報が出た日までに食料品などの備えをして、天気が荒れはじめた日は外には出ませんでした。

翌日には台風も通り過ぎているだろうと、布団に横たわった時です。

「こんにちは、こんにちは……」

部屋の外、アパートの共用部から女性のか細い声が聞こえてきました。

スマートフォンを見ると、ちょうど日付が変わった頃でした。

お店も閉まった時間に、ガラスが割れたか、怪我をした近所の方かと思い、私は玄関に向かいました。

激しい雨風の音に混じって、女性のか細い声が聞こえつづけています。

「こんにちはぁ、こんにちはー」

そこで、どうして夜中にこんにちはなのか、どうして目的の階や部屋にいかないのか、ここに来た理由を言わずになぜこんにちはと繰り返すのかと気がつき、妙だと思って玄関は開けませんでした。

「こんにちはー、こんにちは、こん……」

玄関先で押し黙って気配を殺していると、声は段々と聞こえなくなり、台風で荒れる外の音だけが聞こえました。

声の主が出入りする物音や足音が聞こえなかったと思いつつ、出なくてよかったのだろうとぼんやりと考えました。

それからしばらく経ち、ある時、気がつきました。

もしかするとあの声は私を呼ぼうとしており、「すみません」ではうまくいかなかったために「こんにちは」という呼びかけに変えたのではないか、と。

また大きな台風が接近する真夜中に女性の声が聞こえるのか、何と言ってくるのか、私は外に出ないで済むのか。

そして、外に出てしまったら何があるのかと少しだけ気になっています。

怪　その二十七
何かが窓にいる

不思議な体験をしたのは、寒い、冬の深夜だったと思います。

小学生の頃。

二階の寝室で、両親、妹二人、私、と横に並んで寝るのが日常でした。

みなが寝付いて、しばらく経った頃、突然、金縛りに襲われました。

寒いのに、なぜか全身に汗がじっとりと滲み出し、呼吸も浅くなるのを感じながら、軽くパニックになっていました。

なんとか目を開けたところで、自分の顔が横向きになっていることに気付きます。

横に寝ているのは次女、さらにその横に三女が寝ているのが、常夜灯の明かりで、辛うじて認識できました。

首はそのまま動かせず。

無意識に妹たちの顔へ意識が集中した時、三女の目が開いていることに気付きました。

三女の視線が、窓に向いています。

窓は、私たち家族が並んで寝ている頭の上にある形です。

三女はしっかりと目を開き、無表情で、頭の上の方を斜めに見上げています。

何かが、窓にいる。

そう、強く確信して、いっそう怖くなった私は、今度はどうにか目を閉じようとしますが、ピクリとも動きません。

その間にも何かの気配を窓からじっとり感じ、どんどん汗が噴き出して来ます。

恐怖がピークに達した時、突然、耳鳴りがしました。

そのまま、急激に意識が遠のいて行くのを感じ、寝てしまったのか、気絶してしまったのか、そこからの記憶はありません。

朝、母に揺さぶり起こされた私は、やはり汗をビッショリかいていました。

朝食の席で家族に昨日のことを話しました。

三女もどうやら金縛りにあっていたようで、「何か見たの？」という私の質問に、窓のレースカーテンから伸びていた手があり、目が離せず、気付いたら寝ていた、とのこと。

その手の場所が、ちょうど私の真上の位置だったようです。

結婚を機に実家を離れていますが、里帰りする度に思い出すのはこの出来事です。

両親には言えませんが、今でもあまり実家へ帰るのは気が進みません。

怪 その二十八　開かないはずのエレベーター

今の職場の話です。

ビルには使っていない階があって、エレベーターはその階はボタンも押せず、だから降りることもできません。

しかし、たまにですが、その階でドアが開いてしまうことがあるんです。

先日もひとり、社員が間違ってその階に降りてしまって、慌てて外からボタンを押しても、エレベーターは素通り。

そもそも外側からもボタンがきかないのに、どうしてエレベーターが止まるのか。

謎は深まるばかりです。

その後は管理会社の方に来ていただいて、社員は救出されました。

もし自分の前で、開くはずのないエレベーターが開いてしまったら……。

恐ろしさ半分、好奇心半分になってしまいそうで、それも怖いなあと思います。

ちなみにその社員の方によると、その階は「すごく真っ暗」だそうです。

怪 その二十九 香りを残して

今年の春に義父が亡くなりました。

自身の誕生日を迎えて、その日の内に。

骨折をしてからあれよあれよと悪くなってしまい、孫の家に遊びに行きたいと何度も病床で訴えていたそうです。

孫の家である我が家では、義父が入院する前後くらいから家のソファの辺りだけ、なぜか嗅いだことのある、でもなかなか思い当たらない香りがしていました。

家族全員嗅ぐのですが解らず、掃除をしても取れることはなく。

それから義父が亡くなった後、ふとこの香りは、銀杏だと気づきました。

秋になると近所の大学に銀杏が成り、義父は我が家にいつも分けてくれました。

香りのしたソファは、義父がお正月に遊びに来てくれた時に座っていた場所。

皆でトランプしたり、楽しく過ごした場所でした。

今ではあの銀杏の香りもすることはなくなりましたが、じいじは遊びに来てたんだねと子どもたちと話しています。

今年は初盆です。

また遊びに来てくれるのでしょうか。

怪　その三十　うわさのトンネル

僕たちはみな免許取りたてで、車の運転もまだ不確かなころ、裕福な友人が買ったばかりの新車でドライブに出かけました。

わいわいがやがや、目的もなく、夜の町から郊外、夜景の見える高台へ向かいました。

誰かが

「某トンネルでは、交通事故で亡くなった方の怨霊が残っている。

トンネルの途中で、走っている車の屋根にどーんと音がしてなにか落ちてくるが、後で確かめても、何もそこにはない」

といううわさ話をはじめました。

ならば、真偽を確かめようと、その某トンネルへ向かったのです。

もうすでに夜中でしたので、すれ違う車も、後続車もまったくありません。

僕たちは、そのトンネルに入りました。

かなり長いトンネルです。

何も変わったことはありません。

突然、運転していた友達が、ブレーキをかけてトンネルの中で停車して、ライトを消しました。

みんなは

「気持ち悪いこと、せんといて！」
と騒ぐばかり。
でも、何も起こりません。
しばらくすると、後続車のライトがバックミラーに映ったので、友人は発車しました。
すると、後続車がパッシングしながら、クラクションをずっと鳴らして追ってきます。
トンネルを抜けて、路肩に車を止め
「いらんことするから、後ろの車、怒ってる。
からまれたらどうするねん」
と話していると、後続車も車を止めて、運転手が降りてきました。
怖い顔をして僕らの車の窓を叩きます。
しぶしぶ窓を開けて、謝ろうとすると、その運転手は
「屋根に誰かがしがみついていたけど、いったいなんなんだ？
振り落としてはないと思う、だれか乗せてたのか？」

と青い顔をして僕らに訴えかけます。

もちろん、屋根には誰も乗せてはいません。

うわさのようにどーんという音もしませんでした。

けれども、なにが僕たちの乗った車の屋根にしがみついていたようです。

その後、僕らの誰かが病気になったとか、その車が事故したとか、不吉なことや不幸なことは起こりませんでした。

それでも思い出すたび、僕らは背筋が凍るのです。

怪 その三十一 踊り場にいる人

20年ほど前の話です。

その頃、私の幼馴染の親友は、近くの団地に住んでいました。

友だちの部屋は、3階にあります。

その子の家に遊びに行く時、私はいつもひとりでたんたんと足音を響かせて、灰色の狭い階段を上りながら、狭い踊り場を3回折り返して辿り着きます。

そして、その日はよく晴れた夏の日の午後でした。

いつもは階段の上ばかりを気にして顔を上げて足を進めていた私ですが、その日は、なんというか、やたらと折り返した狭い踊り場が気になって仕方ありませんでした。

もう一度、折り返して階段を上り終えたら。

そうしたら友だちの家のドアに辿り着けるという安心感もあったのでしょう。

何気なく、最後の階段を上り終えようとした私は、手すりからその下にある踊り場を見下ろしてしまったのです。

そうして、身の毛もよだつものを見てしまいました。

そこには、踊り場の下の階の最後の階段から顔だけを覗き込ませてこちらを見上げている、目と歯をむいて笑う、白い顔と指がありました。

坊主頭の大人の男の人でした。

白い指が、こいこい。と私を招いていました。

その後のことは覚えていませんが、後でその友だちから聞いた話では、私は半ば

錯乱したようにその子の家のドアをこぶしで叩き、

〇〇ちゃん。開けて！　開けて！

と叫んでいたそうです。

友だちは慌てて扉を開けて招き入れたものの、私は泣きじゃくって、しばらく話にならなかったそうです。

そして、私が帰る時もあまりに怯えるので、その子とお母さんに手を引いてもらいながら団地を後にしたそうです。

それから数年間、私はいくらその子の家に誘われても、団地の近くで遊ぼうと断り続け、遊ぶ時はもっぱら、私の家か、団地から離れたところで会うようにしていました。

そしてまた数年が経ち、その子の家族が一戸建ての家に引っ越すことが決まったある日、私はその子の家に招かれ、団地に遊びに行きました。

やはりよく晴れた夏の日でした。

日も暮れかけた帰りしな、足取りも軽く団地の階段を下りていると、ものすごい悪寒に襲われました。

そして、私は唐突に思い出したのです。

なぜ、数年この団地を避けていたのか。

そして、最後の階段を下りかけたその瞬間に、見てはいけないと思いながらも振り返り、階段の踊り場を見上げた次の瞬間、全速力で駆けて団地を後にしました。

泣きながら、なぜ振り返ったのかとものすごく後悔しました。

だって。

その振り返った踊り場の手すりに、私は見たのです。

ほの暗い蛍光灯に照らされた、ゆっくりと上にのぼっていく白い頭頂部と、手すりを這う白い指先を。

それ以来、団地のみならず、どこであろうと、私は階段の踊り場が怖くてたまりません。

見上げたら。振り返ったら。

あの得体の知れない白い人が覗いているかもしれないと想像してしまうからです。

怪 その三十二

校舎の見回り

40年以上小学校に勤務し、いくつかの学校で不思議な体験をしている私ですが、その中のひとつを紹介したいと思います。

今から10年以上前のことです。

とある小学校の教頭をしていた私は、毎日、最後に学校の戸締まりの確認をし、玄関の施錠をして帰宅するのが日課でした。

いつもは数人の先生方が職員室に残り、私が見回りを終えるのを待って一緒に学校を出るのですが、その日は、翌日までに終わらせなければならない仕事があり、9時過ぎまで残っていました。

気付けば他の先生方は全員帰ってしまい、誰もいない校舎の見回りをしなければならなくなりました。

とはいえ、毎日のことでしたので、別にこわいとも思わず、4階建ての校舎の見回りを始めました。

いちいち教室や階段の電気をつけるのもめんどくさいので、電気はつけずに、懐中電灯で辺りを照らして、戸締まりを確認しながら4階から1階に向かっていきました。

そのうち、私は奇妙なことに気づきました。

校舎内には各階にトイレが数カ所あるのですが、私がトイレの前を通るたびに、トイレの換気扇が回り始めるのです。

変だなあとは思ったのですが、男子トイレなどは数十分毎に水が流れるように自動洗浄の設定がしてあったので、換気扇も時間で自動的に回るようになっていたんだっけ？　などど思い、あまり気にしませんでした。

もし、自動的に換気扇が回るような設定にしてあったとしても、私が通るたびに回り始めるなんておかしいし、夜の使っていないトイレの換気扇を自動的に回すような設定なんてあり得ないのに、その時は、ちょっと変だなあぐらいにしか感じなかったのです。

戸締まりを終え、玄関を施錠し、私は帰宅して、いつものように12時頃に就寝しました。

午前2時、私は突然目を覚ましました。

部屋の明かりがついているのです。

明るい部屋では眠れない私が、消灯せずに寝るはずはない。

どうして？

でもさらに、もっとびっくりする出来事が起きていました。

隣の部屋から大音響の音楽が聞こえるのです。

隣の部屋にあったＣＤプレイヤーが、勝手に鳴っているのです。

そんなばかなと思いましたが、夜中に大きな音を出しては近所迷惑になるととっさに考え、あわてて電源を切りました。

そうして私はやっと気付きました。

私は学校から家に誰かを連れてきてしまったんだと。

その人は、私があんまり鈍いので、教えてやろうと家までやってきたに違いないと。

その後、同じような、電気を介した不思議なことは起きていません。

怪 その三十三 まだ遊んでいる

可愛がっていたハムスターを見送りました。

私たち夫婦にとっては大事な家族であり、子どもでしたから、相談のうえ、数日後に荼毘に付すことに決めました。

清拭をし、ティッシュの寝床を整えて寝かせてやった、翌晩のことです。

私は会社から帰ったばかりで、食事の準備に取り掛かったところでした。

今までは野菜を少し取り分け、ケージに入れていたのに、もう、喜んで走り寄ってくる姿は見られない。

もっとたくさんおいしいものをあげればよかった。

動けなくなる直前の数日、めずらしくひざに乗ろうとしていたのは、彼なりの何かだったのかもしれない、もっとその時間を大事にすればよかった。

と、そんなことを考えていた時です。

「コトッ」と音が聞こえ、私は振り向きました。

視線の先にはケージがあります。

マンションで防音性には優れているので、他の部屋からの音は滅多に聞こえません。

聞こえた音は、こちらの部屋の中で起きた音で……というよりケージの床に、ハムスターの餌、ペレットがあたる音でした。

20時過ぎ……、ハムスターがご飯をねだりはじめる時間でした。

その日の朝、生ものがあったため餌箱を片づけたまま、枕飯を置いていなかった。

それに思い当たってすぐに用意してお供えしたのですが、彼の気配はそれでは終わりませんでした。

茶毘に付した後も、視界の端のケージの中で、寝床からトイレに向かって動く何かが見えたり、

「カタカタ……」

「コリ……コトッ……」

「シャ、シャ……」

「トッ」

という音が深夜、床に就いてから聞こえることがあるのです。

どうやら今でも回し車で遊び、ペレットをかじり、布団をかき集め、巣箱によじ登っては飛び降りたりしているようです。

魂は死後四十九日はこの世に留まるということも言いますが、うちのハムスターは、四十九日が過ぎた今もまだ部屋を闊歩しているようで、私たちはなんとなくケージを片付けられずにいます。

怪 その三十四 妹も、同じものを

30年程前、私の家族はとある団地に住んでいました。

5階建ての4階の部屋、四畳半の和室が私たち姉妹の部屋でした。

窓を開けて寝ていたので、夏の頃だったと思います。

夜中に目が覚め、ふと揺れるカーテンに目をやると、髪の長い、白く長いワンピースを着た女の人が、カーテンの端に半分、体を見せて立っていました。

叫んだ私と一緒に妹も両親の部屋に逃げましたが、そんなものはいないと一蹴され、また部屋に戻されました。

その話が怖かったのは、それから何年も経って大人になってからです。

私も妹も結婚して家族を持ち、子どもの頃の昔話をしていた時、私がふと20年くらい前に、団地で貞子みたいなのを見たわ！　と話すと、まったく同じものを妹も見ていたと言うではありませんか。

4階のカーテンの後ろに体半分見せて立ってたよね、と言うのです。

夢じゃなかったんだ！　とあの日の恐怖が蘇りました。

そして、それからまた10年くらい経ったつい先日の事です。

また、姉妹で会った時、あの女の人はほんとうに怖かったと話していました。

後日談として、子どもの頃私は、あの女の人が怖すぎて、夢にも出てきた、という話をしました。

トイレットペーパーホルダーの銀色の蓋にその女の人が映っている夢を見たんだよ、と言うと、妹も、それもまた、同じものを見ていたのです。

30年経ってまた新たな恐怖を味わった、私たち姉妹でした。

怪 その三十五 屋根の上の爆音

私の心に残っている怪談といえば、母が経験した話です。

母は、戦争の最中、福島から札幌に嫁いで来ました。

父はすぐに召集され、祖母と叔母と三人で暮らす毎日だったそうです。

父の弟は既に海軍に入っていて、そこで偵察機のパイロットをしていたそうです。

ある日、海上を偵察にいった彼は、米軍の船と飛行機を発見。

逃げることは間に合わず、そのまま戦いましたが飛行機が銃弾を浴び、もはやこれまでと米軍の母艦の煙突に突っ込んで亡くなったそうです。

その日その時間、ものすごい音が屋根の上で聞こえ、三人で家にいた母たちはみんなで飛び出して屋根を見ましたが、何事もなく、いったいなんだったのか、と思ったそうです。

叔父が祖母に自分の死を知らせたのかも……と思ったのは、後々のことだったそうです。

怪 その三十六 貸別荘の女の子

今から30年近く前、社会人になって間もない頃の話です。

お盆休みに、学生時代の同級生数人と伊豆の貸別荘に行く計画をしたのですが、私は体調を崩してしまい、行けませんでした。

その後、友人たちと集まって食事をした時に、貸別荘で大騒動が起きたという話を聞きました。

友人たちの中のひとりは霊感があり、彼女は別荘に着いた途端、嫌な感じがしたのだそうです。

その感じは、居間から台所に行くと強くなったと言います。

その夜、みんなでお酒を飲みながら盛り上がっていたところ、窓の外から誰かが覗いていることに気づき、全員パニックになりました。

別荘は高台の崖の縁に建っており、窓の外に人が立てるはずのない場所だったためです。

しばらくは恐怖で動けず、「喉渇いた」「何か飲みたい」と言いながらも、誰も席を立てずにいたため、霊感の強い友人が思い切って台所に飲みものを取りに向かったところ、例の嫌な感じが背後でより強くしたのだそうです。

目だけを動かし、斜め後ろにある、壁にかかった鏡を見たところ、ショートカットの女の子の後ろ姿が映っているのが見えたそうです。

当時、友人は腰まであるロングヘアでした。

鏡と自分の間に、誰かが立って自分を見ているとわかり、友人は恐怖で凍りついたそうです。

振り返らず、横歩きで台所から居間に戻った友人から、台所に女の子の幽霊がいると聞かされたみんなは、その晩は固まって寝たそうです。

翌日、車で東京まで戻ったのですが、その日は霊感の強い友人だけでなく、全員が車の影に女の子が隠れている気配を感じたそうです。

さらに、ひとりずつ荷物を降ろしたところ、霊感の強い友人のバッグだけ、中が水浸しになっていました。

連れて来てしまったとわかった友人は、翌週末、ひとりでもう一度伊豆へ行き、お祓いを受け、女の子の成仏を祈って来たそうです。

みんなから私は、

「あなたは一番のこわがりだから、来られなくてよかったね」

と言われました。

聞いていてほんとうにこわかったので、今でも忘れられない話です。

怪 その三十七　なぜわたしの夢に

私が体験した、こわいというよりも不思議な出来事です。

去年の6月の初めから終わり頃まで、私は毎晩、不思議な夢を見ていました。

その夢には毎回決まった人物が出てきて、高身長で優しそうな男の人でした。

あるときは友達として、またあるときは恋人として……と、出てくる場面や設定はいつもばらばらでした。

そしていつも、夢の最後にその人が「俺にはまだやり残したことがある」と言ったところで目が覚めます。

おかしな夢だなとは思いつつも、日常生活に変わったこともなく、誰かに話したりもせず過ごしていました。

そんななか、ある時見た夢はいつものようには終わらずに、

「俺にはまだやり残したことがある」

と言ったあとに、

「○○によろしく伝えてくれ」

と言ったところで、目が覚めました。

その○○さんというのは私の職場の同僚の名前で、他の部署から異動してきたばかりの人でした。

そして、その日からもう、その夢は見なくなってしまいました。
○○さんにこのことを伝えた方がいいのかな、とは思っていたけれど、そこまで

仲がよいわけではなく、仕事場ではなかなか話しかけられずに数日たったころ、飲み会がありました。

その人と席が近かったので、こんなことがあったんですよね〜と、例の夢の一連を話しました。

すると、○○さんは真剣な表情で、夢に出てきた人はこんな人だったか、と携帯から写真を見せてくれました。

驚いたことに、そこに写っている人と、夢の中の彼は同じ人でした。

そうだと伝えると、○○さんは、彼女が今の部署に来る2年前に事故で亡くなってしまった恋人だ、ということを話してくれました。

なぜその彼が、関係のない私の夢に出てきたのかは今でもわかりません。

しかしそのことがあってからその同僚の○○さんとはとても仲がよくなりました。

「突然の事故だったから、あなたがいい人だとわかって、最後の別れを告げに夢に出てきてくれたのかもね」

と、ちょっとうれしそうに話していました。

私も少しうれしくなりました。

怪 その三十八 マリーちゃん

私が小学校の低学年の頃、実物の赤ちゃんの大きさで、寝かせると目をつむるようになっているマリーちゃんという人形を可愛がっていました。

ある時、お洋服をつくってあげたいと思いました。

でも子どもなので、布を腕や胴体に巻きつけてからチクチクと針で縫い付けるやり方でやったら出来上がりが気に入らず、脱がそうとしてもパツパツで脱がせませんでした。

それで、カミソリでピッピッと切って脱がしたらマリーちゃんの体がきずだらけになってしまいました。

なぜかもういらなくなり、おもちゃ箱にしまおうとしたんですけど、大きすぎて入らなかったので、五体バラバラにして、入れました。

マリーちゃんは、腕や足が、すぽっとはずしたりはめたりもできる人形なので、ぜんぜん罪悪感もなかったんです。

その夜、父と母が出かけていて、私と兄とでふすまの前に布団を積み上げ、一番上の布団を滑り台みたいにして、でんぐり返しをして遊んでいた時です。

くるっと回転したその瞬間、ふすまにマリーちゃんが映っていたんです！

逆さまで、ロープで首をつっていて、顔が紫になっていて、口から血が流れていて、青い目をカーッと見開いて私を睨みつけ、

「お前を恨んでるぞ」

と言うのが、心に入ってきました。

ひゃっ！　と、息が止まって、ゴロゴロっと転げ落ち、

「お兄ちゃん、今、人形の幽霊がいた！」

と言っても兄は、嘘つけ、なにも見えんかったぞと信じてくれません。

両親に話しても信じてくれませんでした。

翌日の昼間におもちゃ箱を開けて、「マリーちゃんごめんね、ごめんね」とあやまりました。

それ以来何もないのですが、今でも絶対に人形は買わないし、もらいたくありま

せん。

怪 その三十九 店子がいつかない理由

友人が話してくれたことをお伝えします。

彼女は不動産業界のベテランです。

そんな彼女のお得意さまのいくつかある賃貸物件で、どうしても店子がいつかない、入ってもすぐに出て行く、という部屋がありました。

理由をきいても、特に決定的な理由は出てこなかったそうです。

つい最近も、店子が部屋を出て行くということになり、お得意さまは、「あんたんとこの対応が悪いからじゃないのか」と怒り出したそうです。

これから部屋を出る店子に「なにかありましたか」ときいたところ、「玄関に悪臭が漂っている」と言われたそうです。

「足の臭い」がするそうです。

玄関だからそういうものかな、そのうちなくなるだろう、と消臭剤を置いてみたり、芳香剤にかえてみたり、靴箱をすみからすみまで拭き掃除をしたり、玄関の三和土部分も水拭きしたり、としてみたけれどどうしても臭いが消えない、時には玄関だけでなくキッチンにまで「足の臭い」がすることがあり、臭いが鼻について仕方なく、出て行く、ということになったそうです。

店子が変わる時はハウスクリーニングを入れて半月ほど手入れをしてから貸し出していたので、思いつくこともありません。

万策尽き、社内で「見える」といわれている若手男性社員に「一緒に行ってちょっと見て」と頼みました。

彼女と男性社員がその部屋のドアを開けたところ、彼はまるで当たり前のように、靴を脱いで上がってすぐのところにおじいさんが裸足で膝を抱えて座っている、と言ったそうです。

白髪、黒縁メガネ、白地に紺色の大きなマス目模様のボタンダウンにベージュのカーディガン、下は普通のズボンをはいた裸足のおじいさんが、座っていたそうです。

後日お得意さまに見た状況をそのまま伝えたところ、

「『そんなところに座られたら迷惑だ。
さっさと成仏して、ここから出ていけ』と言え〜」

と言われたとのこと。

男性社員にそれをお願いすると、

「自分は見えるけれど、話しかけてはいけないし、祓う能力がないので、もらって帰ってきたら大変。

そういうことは、かえって何も感じない人が言った方がいいですよ」

と断られました。

そこで彼女は男性社員に同行を頼み、その部屋に行き、ドアを開けて

「とにかくここから出て行って。
商売に迷惑、絶対絶対出て行って!」

と叫んでドアを閉めました。

その後ドアを開けて男性社員にもう一度見てもらったところ、おじいさんはいなくなっていたそうです。

怪 その四十

カセットテープの声

もう30年以上前、私が小学生だった頃の話です。

友だちのAちゃんから、妙な話を聞きました。

Aちゃんは、その当時人気だったアイドル歌手のカセットテープを買ってもらったそうなのですが、そのテープにおかしな声が入っていると言うのです。

そのころ、そのアイドルのものとは別の曲ですが、空耳のような、言われてみたらそう聞こえるかもね、といったテープの話が流行したこともあったので、そういう類かな、と思ったのですが、どうやら違うようです。

今まで入っていなかった声が、突然、昨日の夜から聞こえるようになったと言うのです。

私は放課後、Aちゃんの家に遊びに行き、そのテープを聞いてみることになりました。

Aちゃんの家に向かいながら、私はAちゃんのお兄ちゃんのイタズラなのではないかな、と考えていました。

3歳年上のAちゃんのお兄ちゃんに、私たちはしょっちゅうからかわれていたからです。

しかしその考えは、テープを聞いた瞬間、消え去りました。

Aちゃんが小さなラジカセにテープを入れ、再生ボタンを押すと、曲が流れはじめます。

2番のサビにさしかかった時でした。

曲がすーっとフェイドアウトして……、あれは、女の子の声でした。

「お父さんは火を放った」

ハッキリとした声でした。

そしてまた曲がすーっとフェイドインして、何事もなかったかのように曲が終わりました。

当時のラジカセは、外の音をテープに録音するのは簡単でした。

録音、と書かれたボタンと再生ボタンを同時に押せばいいのです。

ただ、録音と録音の間にブチっという音がどうしても入りますし、録音中はサーッというノイズが必ず入ります。

でも、女の子の声が入っている部分には、一切ノイズはありませんでした。

そしてラジカセにフェイドイン、フェイドアウトで録音出来るような機能はありません。

お兄ちゃんのイタズラではないことを確信し、女の子の言葉の不可思議さに、背中がゾッとしたのを覚えています。

怪 その四十一 お正月の三が日

私が20歳頃の話です。

その頃実家を新築し、ひとり暮らしの大学生だった私は冬休みに帰省し、新築の家での初めてのお正月を迎えていました。

2階に私の部屋があり、階段を降りた正面が玄関、という造りです。

玄関にはお正月用に、母が梅の木を飾っていました。

元旦、目が覚め、階段を降りようと玄関を見下ろすと。

その梅の木のあたりから、白い半袖を着た少し髪が長めの若い男性が、スーッと左から右に移動するのが見えました。

彼は上半身だけでした。

寝ぼけてる？　とさして気にも留めませんでした。

が、2日、3日と、三が日、毎朝遭遇したのです。

不思議と怖さはなく、「?・?・?」と思うだけでした。

さすがに3日間も見たので、母親に言うと、

「新築の家での初めてのお正月に縁起でもない」と叱られ、
父親には
「ちゃんとお祓いも地鎮祭もしているから大丈夫」と
取り合ってもらえませんでした。

近所に住んでる祖母に話すと、

「この辺りは昔炭鉱があって、坑道がいろんなところに掘られているから、事故

に遭った人も沢山いたろうねぇ」と教えてくれました。

若いのに事故で亡くなったのかな、お正月を家族で迎えられなかったのかな。

それは想像でしかありませんが、自分の平和な境遇にありがたみを感じるお正月になりました。

三が日を過ぎると、見なくなりました。

それ以降一度も、見ていません。

怪 その四十二　ずっとついてくる

これは友人が体験したお話です。

友人がまだ幼い頃のこと。

家族と夜、車に乗って移動中、田舎の暗い道を走っているとき、退屈で外を見ていたそうです。

けれど見えるものといえば山、山、山。

月明かりで照らされてはいても、山々はその形どおりに、もっと黒く見えていて。

ふと気付くと、少し離れた山の中に、白い服をきた女の人が直立のポーズのまま、スーッと、自分たちの車と並走するのが見えたそうです。

山のその位置に道があるかどうかもわからない、木も沢山あるし、高い山もあれば谷もあるのに、山の形に沿うように、その人は進む。

手足を動かして走っている様子ではない。

立ったまま車と同じスピードでずっとついてくる。

そんなスピードで人が進めるのがおかしい。

暗いのにその人だけ白く光っていて、こちらからは横顔が見える。

幼いながらも変だと思い、親に言って、親がその方向を見ても気づいてもらえなかったと。

しばらく並走して、車の通る道が山から離れるように分かれたところで、その人は見えなくなったそうです。

何十年たって思い出しても、その体験はこわい、ということでした。

怪 その四十三

トイレは通り道

娘が昨日20歳になり、いろんなことがあったなぁとひとり懐かしんでいたときに思い出したんですが……。

娘がまだ3、4歳の頃の話です。

当時、寝るときはいつも寝室で家族揃って寝ていたのですが、ある日、娘が風邪をひいたか何かで私と娘だけリビング横の和室で寝たことがありました。

和室には窓がなく、リビングにつながる襖を閉めると灯りがもれることもなく、真っ暗になる部屋でした。

夕方、娘が目を覚まさないように電気を暗めにつけて、布団の横で洗濯物をたたんでいました。

かあちゃん。

と呼ばれ、あら起こしてしまったかなと娘を見ると、

寝ながら私の背後をじーっと見て、

かあちゃんの後ろにいる人だれ？

と言われました。

……誰もいるわけないやん。怖いやん。

と思いながら、でも悟られないよう気丈に振る舞いながら、

えー？　どんな人おるー？

と、震える手で洗濯物をたたみながら聞くと、

指輪してる女の人～。

と言いました。

うそやん!!　怖いやん!!　振り向けへん!!

どうしよう!!

と焦りながらも、

ふーん、そっかぁ～。

と平静を装って洗濯物をたたみながらなんとか答え、でもまだ振り向けず、少し

顔が引きつっていたと思います。

あ。

女の人トイレのほうにいった。

と娘が言うので、
ん？　トイレ？

あ〜そういうことね。

かあちゃんの後ろの壁に入っていったんや！

そっかあ〜。

じゃあもう見えへんね！

うん。はいってった。

おらへん。

安心した私は、電気を思いっきり明るくつけて、恐る恐る振り返り、誰もいないことを確認しました。

その日は電気をつけたまま寝ましたし、トイレは、主人が帰ってきて確認してもらうまでいけませんでした。

トイレは霊の通り道ってよく言いますけど、ほんとうだったんですね……。

怪 その四十四

事故の多い三叉路

私の勤め先はちょうど三叉路に面しており、前の道路の一時停止の標識は、車がぶつかって折れ曲がっていることが多くありました。

深夜4時。

仕事が終わって車に乗り込み、帰ろうとしたところ、ちょうど一時停止の標識のたもとに中年くらいの作業服の男性の下半身がぼうっと見えました。

ただ、ライトで照らされているにもかかわらず、上半身が真っ暗でした。

どことなく静かな様子に、これはこの世のものではない、そう感じました。

数日後ふたたび同じ場所で、標識の曲がるような、事故が……。

一緒に働いている方に聞くと、この付近の道路に事故が多く、首のない人を見たり、ただならぬ雰囲気の人を見たりするそうです。

怪 その四十五
母がこわい

私の母は、霊感があると自覚しているちょっと変わり者です。

しかし、幽霊を信じない父が、母の霊感を認めているのが不思議でした。

父に理由をたずねると、こんな話をしてくれました。

家に父と母、まだ赤ん坊だった姉と3人でいる時に、母が急に「線香の匂いがする」と言い出したそうです。

うちには仏壇などなく、父には匂いもしなかったそうです。

そして、電話が鳴りました。

それは祖母の訃報でした。

母は、

「お母さんがうちの周りを回ってから天国に行ったんだよ」

と言ったそうです。

その話が我が家の伝説となってから約10年後。
父と母と私が外出先からの帰路を歩いていると、母が空を見上げて、
「光がうちの方向から空に上がっているのが見える」
と言い出しました。
私には見えません。
父にも見えないようでした。
しかし、私たちは慌てて家に帰りました。
そして、家の前に着くと、電話が鳴っているのに気づきました。
すぐに父が鍵を開けて私が電話に出ると、それは祖父の訃報でした。
私は祖父のことを悲しみながらも、同時に
〝母がこわい〟
という感情を持ったのを、今でも覚えています。

怪 その四十六

月が2つある

私の父の話です。

父は戦争に行きました。

めったにその話はしませんが、ある、月が出ていた夜に、話してくれたことがあります。

父は、所属する班の班長をしてました。

班員のTさんが訓練中に亡くなり、寮の部屋で、そのTさんの話をしていました。

4人部屋のひとりがいなくなり、しんみりとしていました。

空気を変えようと、父が窓を開けました。

その日は満月。

きれいな満月が、2つ……。

「今日は、月が2つあるぞ、見てみろよ!」

みんな見に来ました。

「バカ、あれは火の玉じゃ!」

その叫びと同時に、みな机の下に隠れたり、布団に潜りこんだりして、震えたそうです。

父は、Tさんがみんなにお別れに来たのかな、といってました。

その時はこわかったけど、と。

話のあと、淋しそうだった父を、思い出します。

怪 その四十七 布団の上を歩く

これは、家族の中で誰よりも霊感の強い、私の4歳上の兄が20歳くらいだった時の話です。

当時は私も兄も実家暮らしで、父母と私と兄の4人で生活していました。

兄は、仏壇のある和室で生活していたのですが、ある晩、なぜか夜中にふと目が覚めてしまったそうです。

ふだんは、一度寝たら朝まで起きることのない人でしたので、自分でも

「おや？　こんな時間に目が覚めるなんて？」

と不思議に思った、兄。

そして、引かれるように足元の方にある仏壇に目をやると、扉の開いたままの仏壇の中から、白いモヤの塊のような人型が、ボワーッと出てきたそうです。

うわっ！　と思った兄が、恐怖のあまり声も出せずに固まっていると、その白い人は、兄が寝ていた布団の上を

ポン、ポン、ポン

と歩いて行き、そのまま兄の枕元に正座し（なぜか正座していると分かったそうです）、うっう〜っと低い唸り声をあげながら、兄の顔をじっと見つめていたそうです。

そしてしばらく唸ったあと、来た時と同じように兄の布団の上をポン、ポン、ポンと歩き、スゥーッと吸い込まれるようにまた仏壇の中に帰って行ったとのことで

した。

兄いわく、兄が謎の白いモヤに唸られていた間中、リビングで寝ていた、その当時飼っていた犬がずっと何かに唸る声が聞こえていたそうです。

犬も何かただならぬ気配を感じていたのでしょうか……。

兄は10年以上経った現在でも、あの時の仏壇から出てきた白い人型の塊が、布団の上を歩いた時の感触を思い出すとゾッとする、と言っています。

仏壇から出て、仏壇に帰ったということは、我が家のご先祖様なのかな？　と思いますが、兄に何か訴えたいことでもあったのでしょうか？

枕元まで来たなら、唸ってないで直接言ってくれ、と思いますが。

怪 その四十八　黒い塊になっている

もう、20年以上前のことになります。

その頃、私は焼き物の修行を終え、故郷に帰ってきたばかりでした。

修行は厳しく、弟子上がりをする直前は、毎日死ぬことばかり考えていたのをおぼえています。

そんな私は、すっかり師匠を怨む気持ちに苛まれ、それが原因なのかわかりませんが、古い土蔵に入ると肩が重くなったり、誰もいないはずなのに砂利を踏む足音が聞こえたり、いわゆる敏感な体質になっていました。

そんな時です。

学生時代に私を慕ってくれていた後輩と街でバッタリ出会いました。

私たちは再会を喜び、近況を語り合いました。

その中で、彼女も敏感な体質で、どうもアパートの階段に霊になった女の子がいてついてくるので、今度その子をお祓いで除霊してもらうんだ、と話してくれました。

私は興味本位で、そのお寺についていくことにしました。

彼女のお祓いがすむと、お坊さんがこちらを向いて「あなたもせっかく来たんだから、気になることがあったら話してみなさい」と言われました。

私は修行が苦しく、ひどい仕打ちを受けた師匠を恨んでいること、子どもの頃から父親に虐待を受けてきて、今でも恨んでいることなど、話すつもりもないのに次々と口から出ていくのを止められませんでした。

その間、お坊さんは、私の後ろの方をじっと見ていました。

「あのぅ、なんだか怖いので、私の方を見てくださいませんか」と言うと、お坊さんは「ああ、ごめんごめん、あんまりあんたの後ろにいるのが大きくてつい見てしまった、祓えるかなぁ、なんせ、聞く耳も話す口もない、ただのドロドロとした黒い塊みたいになっとる」と言うのです。

そんなまさか、と思いつつ私はお祓いを受けました。

その時水晶の数珠を買い、身につけていましたが、いつの間にかなくなってしまったのです。

次にお寺に行く時、つけていこうと必死で探しましたが出てきません。

諦めてお寺でそのことを話すと、「そりゃあ探さんでいい、あんたの代わりに連れて行かれたんだ」と言われました。

お祓いのお陰で私の恨む気持ちはすっかりなくなり、感謝できるようになりましたが、今でもあの数珠は出てきません。

怪 その四十九

へこむ枕

怪談かどうかわからないのですが、どうしても説明のつかない奇妙な体験を紹介します。

私の使っている枕は、「低反発枕」です。

押さえるとゆっくりへこんで、はなすとゆっくりもどる、あれです。

ある夜寝ようとして、ふと枕のほうを見ると、その枕が、ちょうど頭の形のようにまあるくへこんでいたんです。

私のほかに、だれもいないのに……！

怪 その五十

事故物件の部屋

あれは、私たちが公営住宅に入居する前のことです。

入居することになったのはいわゆる事故物件と呼ばれる部屋で、2年ほど前にこの部屋に住んでいた男性が亡くなったと、入居の申し込み時に説明は受けていました。

詳しい死因などは、プライバシーの関係もあるのでしょうが、言われませんでした。

そのことを理解したうえで住むことにしたのですが、何かあっては嫌だなと思い、旦那と相談して、その地域の氏神様にあたる神社の神主さんにお祓いを頼むことにしました。

お祓いを受ける日、私たち夫婦は少し早めに団地に到着しました。

ちょうど時刻は夕方の4時頃だったと思います。

団地の階段を上ろうとすると、1階部分の蛍光灯が点いていたにも関わらず、突

然パチン！　と音を立てて消えてしまいました。

何だか嫌だなぁと思いながらも、私たちが住む2階の部屋の前に到着しました。

こわかったからではないのですが、私は神主さんがわかりやすいように、団地の前で待っていようと思いました。

旦那に部屋の鍵を渡し、先に入っているように頼みました。

お祓いもすべて済んで帰る車の中で、旦那は言いました。

「玄関ドアを開けたら、すぐ向かいの和室の全開になっている襖から、真っ黒で全身がテレビの砂嵐のようになっている人が、にゅっと覗いてきたんだ」

と。

霊感のある旦那は、その時が初めて部屋に入る日だったのですが、当然のように、この部屋で亡くなった男性が様子を見に来たのだとわかったそうです。

怪　その五十一　見ていただけなのに

小学生の頃から祖母に、

「こっくりさんをしてはいけない、やっている人の側にいてもいけない」

と厳しく言われて育ちました。

もちろんやったことはありません。

50年くらい前の話になりますが、ある日小学校から帰ってきた従兄弟が、「きつねうどんが食べたい」と言ったそうです。

伯母は土間でうどんを作りはじめ、その間に従兄弟に、風呂を浴びてくるよう言いました。

しかしうどんができても、従兄弟は風呂から出てきません。

何度呼んでも返事はなく、心配になりのぞいてみると、従兄弟は白眼をむき、左手を湯船につけたり離したりとパチャパチャさせていたそうです。

慌てて風呂から引き上げ、布団に寝かせました。

近所には霊的能力がありお祓いのようなことを生業にしている人がいて、「狐がついている」と言ったそうです。

こっくりさんをしていたとわかり、お祓いをはじめたところ、突然ムクッと起き上がり、裸足のまま庭に降りて全速力で走り出したそうです。

そしてパタッと倒れたと思ったら正気に戻っており、座敷に大勢の人が集まっているのを不思議がったそうです。

ちなみに従兄弟は、ただ同級生がこっくりさんをしているのを見ていただけだそうです。

怪 その五十二 駐車場の彼女

私の勤める病院の駐車場は照明がやや暗く、なんとなく空気がいつも澱んでいる気がしていました。

だいたい誰がどこに駐車するのか記憶してしまうのですが、朝、自分が車を停めた後、とある先生の車の助手席に誰かが座っているのを見かけました。

ザンバラ髪に白い服の、多分、女性。

瞬間、あ、この世の人ではない人だ、と気がつき、目を逸らしました。

その先生にお伝えすべきかどうか迷いましたが、こんな話、誰も信じるはずもありませんし、下手すると嫌がらせと思われます。

今までの経験から、何も言わない、見なかったことにするのが一番、とそのままそっとその場を離れるしかありませんでした。

それから何度か、その、この世にいないはずの女性を見かけました。

目は虚ろで、しかも血塗れに見えました。

ある時、その車の持ち主である先生から、奥さまのことで相談を受けました。

タチの悪いガンが見つかり、なにか有効な治療法があれば教えて欲しいとのことでした。

それから二年、いろいろ手を尽くしましたが、奥さまは先ごろ、まだ中学生のお子さんを遺し、亡くなりました。

後日、今度は私の車の隣に停めている、また他の科の先生の車の助手席に、彼女を見かけました。

同じことが起こるのではと気を揉んでいたところ、その先生は知ってか知らずか、その車を一週間ほどで買い替えました。

まだ真新しい車で、一年も経っていませんでしたが。
職場でその先生が、
「なんだか車が気持ち悪くて、もったいないと思ったけれど買い替えたよ」
と、他の先生に話しているのを聞きました。
それからその死霊をお見かけしません。
彼女はどこへ行ったのでしょう。

怪 その五十三 夏の思い出

50年前、私は小学4年生。
夏の学校、校庭、夕方。
さぁ、帰ろうかなぁとランドセルを肩にかけた時、
「楽しかったね。
お勉強、家に来てやらない?

教えてあげるよ」

一つか二つ上の女の子が、声をかけて来ました。

びっくりもせずに、女の子の存在も不思議がらずに、私は、「うん、行く行く」。

そのまま、歩いて女の子の家へ向かいました。

遊んで、宿題も教えてもらいました。

女の子の両親から、

「ご飯も、食べていかんね」

と言われて、夕食もいただきました。

夜8時頃か9時近くか、定かではありませんが、お野菜もいただいて、軽トラックで女の子のお父さんに送ってもらいました。

その後、1〜2回、同じ体験をして、帰宅。

それからしばらくは、女の子のことを忘れていたのか、学校で見かけなかったから、忘れていたのか……。

次の夏が近づいて来たある日、友だちの家に遊びに行った時に、子どもの足で1

～2分先にある家を見て、「前に来たことがある家だ」と思い出し、友だちのおばあちゃんに「あの、お家の女の子は？」と聞きました。

聞いた理由は、家の雨戸が全部、閉まっていたからです。

おばあちゃんは、

「あ～、あそこの家の女の子が病気で亡くなってねー。お父さんもお母さんも、あの家には住みたくない、と。だから誰もいないよ。」

「えー、私、女の子と遊んで勉強もして、ご飯も食べたよ。」

「そんなことはないよ。だいぶん前に、亡くなっているからね！」

あれから50年の年月が経ちました。

パラレルワールドに行っていたのよ、とか言う方もいましたが、私には、普通の女の子との、楽しい夏の思い出です。

怪 その五十四
開けないと気が済まない

以前住んでいたアパートの話です。

当時、生まれて初めてひとり暮らしをした私は、生来怖がりなこともあり、不安でいっぱいの毎日を過ごしていました。

そんな私の日課は、夜、仕事を終えて部屋に帰って、まずすべての扉を開けて中を確認するというものでした。

風呂場のドアからはじまり、トイレ、クローゼット、食器の入っている引き出しも……、とにかく一通り、扉のついているものは開け、何も異常がないことを確認してからでないと、気が済まないのです。

そんなところに何かいるはずもないのに、小さな引き出しまですべて開けて、ようやくほっとして鞄を置くという有様でした。

もともと臆病な性格ではありましたが、想像していた以上に怖がりだったのだなあと、呆れたものです。

ところが、です。

昨年、今住んでいる部屋に引っ越しをしたところ、その癖がぱたりと止んだのです。

間取りはもちろん違いますが、風呂場もトイレも、クローゼットも、食器の棚も扉のある部屋です。

しかも、今回の部屋にはロフトがあります。

怖がりな私のこと、ロフトを確認せずにいられないわけがありません。

それなのに、引っ越してから今まで、不要な時に扉を開けたいという衝動に駆られたことも、ロフトをやたらと覗きたいと思ったこともないのです。

何が、違うのだろう?

友人とお茶をしながら話をしていて、ふといくつか奇妙なことを思い出しました。

かつての部屋の、2つ目のクローゼット。

ちょうど人間ひとりが入りそうな大きさのそのクローゼットから、ときどき虫の音が聞こえたのです。

夏の終わりと、秋だけ。

カナカナカナカナ……という蝉の声と、リーリー……という鈴虫の音でした。

窓から？　と思いましたが、何度聞いてもクローゼットから聞こえるのです。

確認のためにクローゼットを開けてみても、それらしき虫はどこにもいません。

しかも、聞こえてくるのは決まって午前1時から2時の間で、不思議なこともあるものだと思っていました。

そして、もうひとつ。

あの部屋では、天井から、足音とクローゼットを開け閉めする音が頻繁に聞こえました。

とたとた、ギー、バタン、という音。

こちらは季節に決まりはなく、ただ、聞こえてくるのは決まって真夜中でした。

しかし、友人に話しているうちに、私はあることに気がつきました。

なぜ今まで疑問に思わなかったのか不思議なくらいです。

私の部屋は、二階建ての二階だったのです。

上から足音とクローゼットの音など、するはずがないのです。

上の階など、無いのですから。

話を聞いた友人は、私にこう言いました。
「そのクローゼットに、もうひとり、住んでたんだろうね。
あなたがクローゼットを開ける時、
その人は、おかえりの挨拶をしていたんだよ、きっと」

怪 その五十五 浜辺の小屋の家族

父や兄、そして甥っ子まで霊感が強いのです。

不思議体験満載なのに、そういう世界をまったく信じていない、父の話です。

父がまだ若く、結婚前の頃。

釣りの好きな父は、仕事を終えてから、夕方、海釣りに出掛けていました。

車を駐車する場所を探していたところ、浜辺の近くに小屋を見つけ、その小屋の隣に駐車しました。

車から降りて小屋の扉をノックし、扉を開けると、家族らしい人々が何人か座っており、漁に使ったのだろう網を、みなで繕っていたそうです。

とても賑やかだったそうで、父が
「この小屋の隣に車を停めさせてもらっていいですか？」

と言うと、みなニコニコして
「どーぞ、いいですよ」

と答えてくれたそうです。

扉を閉めて、父はさっそく海へ向かおうとしましたが、戻る時間を言い忘れたので、すぐ、小屋の扉を、また開けたそうです。

扉を閉めてからまた扉を開けた時間は、ほんの数秒だったそうです。

しかし、そこには先程の家族らしい人々の姿はなく、ただ、繕いが終わった網が綺麗に干してあり、シーンと静かな景色だったそうです。

いまだに不思議だと言っています。

怪 その五十六 写らない右腕

小学生の頃、みんなで撮った集合写真があります。

そのときはなぜか気づかなかったのですが、大きくなってからあらためて見てみると、私だけ右腕が写っていませんでした。

夏に撮った写真なので半袖なのですが、袖はちゃんと写っているのに、腕の部分は、白くてぼんやりしたものが見える程度でした。

「写真に写らなかった体の部分は、あとで怪我をする」

と聞きました。

右手の指を2回骨折しているので、あの写真はそれを表しているのかもしれません。

怪 その五十七

上がってきて入る

子どもたちが赤ちゃんの頃の写真を見ていて、ふと思い出しました。
ムシムシとした寝苦しい夜、人生で2回目の金縛りにあいました。
霊的な物は見たことがなかったので、ああ、本当に指ひとつ動かせないんだな、
などとぼんやり考えていると、
タオルケットを掛けた足元の方が、ふっくらと膨らんでいるのに気が付きました。
もちろん中身は見えないのですが、真っ黒い物、重みから言うと赤ちゃんに違いないと、ほぼ確信に近い感覚だったと思います。
その真っ黒い赤ちゃんのような物が、
ズズズ、
ズズズ、
と上がってくるのです。

頭はだいぶ冴えてきていました。

はたから見れば恐ろしい状況だとは思うのですが、不思議と怖いという感覚はなくて、赤ちゃんがひとりで大丈夫なのか、どこから来たんだろうか、お腹は空いてないのか、などの気持ちの方が大きかったのです。

それがだんだん上に上がって来て、お腹の中にググッと入る感覚がありました。

その時に、この子は男の子だなと思ったのです。

その体験からだいぶ経ってからですが、6年ぶりに赤ちゃんを授かりました。

誰にも言わなかったのですが、絶対に男の子だと思っていました。

案の定、検診で男の子だということがわかりましたが、性別についてはわかっているのだから、聞かなくてもよかったな、と思ったことをよく覚えています

生まれてきた子は、ごくごく普通の元気な男の子でした。

この子があの夜の子なのかは分かりませんが、どこかで誰かが同じような体験をしているのではないかと思っています。

怪　その五十八

傘越しに立つ人

長雨が続く、梅雨の時期のことです。

その日も朝からけっこうな量の雨が降っていたので、大きめの傘をさして自宅から最寄りの駅まで歩いていました。

いつも通っている道で、駐車場の入り口前にさしかかった時です。

ふと、忘れ物をした気がして、傘の柄を左肩に乗せた格好で、立ち止まってトートバッグの中を確認していました。

その時、傘越しに誰かが私のすぐ左側に、こちらを向いて立っている気配を感じました。

傘を肩にかけるほど深く被っていたので、相手の顔は見えません。

黄色いTシャツの胴体と、お腹が少し出ている感じから、「おじさんだな」と何となく思いました。

ちょうど私が駐車場の入り口の前で立ち止まったため、道に出ようとしているおじさんの行き先で、立ち往生させてしまった！

と思い、鞄の中身を確認してすぐにその場を離れました。

その時は慌てていたのですが、通り過ぎた後すぐ、何となくおじさんを確認しようと、そっと振り返りました。

ただ、雨がざあざあと降っており、そこには誰もいませんでした。

後から思い出すと、壁もない見通しのよい駐車場であったことと、他に人気は無かったこと、私の傘に当たりそうなぐらい近くにいたこと、駐車場の入り口はかなり広く、私を避けてでも通れたであろうこと。

そして傘越しに見えた、黄色いTシャツのお腹が息を整える様に、大きく膨らんだり縮んだりしていたこと。

こんなに鮮明に覚えているのに、そこには誰もいなかった。

それ以来、雨の日はその道を通るのをやめています。

怪 その五十九 廊下で浮いている

もう30年以上前、私が小学生の時に体験した話です。

夏休みに、学校のグラウンドでテントを張って一泊するという、校内キャンプがありました。

ゲームや花火をやり、夜も更けていましたが、寝ている子はあまりいませんでした。

私は友だちと、いま何時なのか気になり、２人で体育館の壁にかかっている時計を見にいきました。

体育館はみんなのいるテントから、１００メートルは離れた場所だったと思います。

暗い中を歩いて、やっと時間が確認できるところまで来ると、時計はきっかり2時を指していました。

その時、テントに近い方の廊下とトイレが、真っ暗になっていることに気づきました。

「あれ？　先生、ずっと電気つけておくって言ってたよね？」

と、友だちと話をした時、体育館と校舎をつなぐ渡り廊下の真ん中辺りに、何かぼわっと、光るものが見えました。

よく見ると、それは白い着物を着た若い女性でした。

首がカクンと横に倒れた女の人が、こちらの方を見て、天井近くで浮いているような感じでした。

私たちは悲鳴をあげて、一目散にテントまで走って戻りました。

私たちのただならぬ様子に驚いたクラスメイトが「どうしたの？」と聞いてきたので、私は「あれ！　あれ！」と女の人が見えた方を指差しました。

渡り廊下は、もう真っ暗でした。

そして不思議なことに、ついさっき真っ暗に見えたはずのテント側の廊下とトイレには、ちゃんと明かりがついていました。

友だちは泣いていましたが、私は驚きのあまり、泣くこともできませんでした。

怪　その六十

目を覚ませばいい？

13年ほど前、学生だった私が、夏休み中に夕方ソファでうたた寝をしていた時の話です。

夢の中で、私はひとり暮らしをしていました。

L字型、3階建のうち1階で1LDK、リビングの隣に寝室のある、よくある間取りのマンションです。

もちろん実家暮らしだった私は、なぜかハッキリとこれは夢だと、夢の中で認識していました。

その夢の中でも、同じ夏の夕刻。

陽が西に傾き、部屋の中は薄暗く、少し眠気を感じた私は、寝室に向かいました。

カーテンがわずかばかりの隙間を残して閉まっており、仄暗い部屋では、ベッドの輪郭が認識できる程度でした。

いざ入ろうとすると、ベッドの端に真っ黒な影の子どもが、ちょこんと座っていました。

あぁ、幽霊だと瞬時に思いました。

驚くことなく、落ち着いた気持ちで、夢なのだから目を覚ませばいい、この部屋を出よう。

そう思ったその時、その子どもに腕を掴まれ、こう囁かれました。

「夢だから目を覚ませばいいと思っているでしょ。

この部屋から出て行かせないよ」

そこで目を覚まし、夢同様に仄暗い中、まだ眠気の残る私は、不思議な気持ちのまま、2階の自室に戻ろうと階段を上ったのですが。

上った正面にある私の部屋から、真っ黒な輪郭の子どもが、階段に向かって走り去って行きました。

いくら家族に話しても、寝ぼけていたのだろう、自分の影だったのだろうと言われます。

でも、照明の位置を考えると、私の立っていた場所から私の影が映ることは決してありません。

今でも不思議な体験だったと思えてならないのです。

怪 その六十一 トンネルを出てから

地元には、いわゆる心霊スポットのような小さなトンネルがあります。

そのトンネルは、女性の霊が出る、歩いているなどと言われておりました。

小学生の頃、めったに通る場所ではないのですが、用があって母とトンネルを車で通りました。

ふたりで
「ここ出るっていうよねぇ」

なんて話をしながら何事もなく通り抜けました。

5分ほど走ったところで、シートベルトを締めていないことに気づきました。

締めようとしましたが、いくらやっても入らない。

毎日のように、カチンと入れているシートベルト。

壊れたのかと、母も運転しながら片手で試してくれましたが、何度やってもカチンと入らない。

通い慣れた田舎の一本道、横目で見ながら母が運転しつつシートベルトを試していた矢先。

車は道路脇の田んぼに落ちました。

幸い雪の季節で、怪我はありませんでした。

落ちた瞬間、シートベルトはカチンとはまりました。

「お母さん、よそ見しないでよー」

と言ったら母はなんとも言えない顔でした。

家に戻ってから、母は言いました。

ハンドルを切り損ねたのではない。

ハンドルが突然重くなって動かなかった。

田んぼに落ちた後、車のルームミラーを見たら、ほっかむりをした女の横顔が写っていた。

あの、シートベルトがどうやっても入らない感覚は今でも不思議でなりません。

怪 その六十二 ほんとうだよね。

私は多少『感じる体質』なので、時々みなさんが見えないものを見るのですが、私の息子も……。

これは、息子の体験です。

彼がひとり暮らしをはじめて間もない、夜8時頃のこと。

駅から歩いてアパートへの帰り道、空き地の前に白い塊を発見。

遠目にはゴミ袋のように見えたので、「誰がこんな所に……」と思いながら通りすぎようとしたら、うずくまっていたのは、白い服を着た女性！

何かを感じて「ゾーッ」としたので、急いでその場を後にして、アパートへ。

まさかついて来てないよな、と、ドアスコープを確認して鍵をかけ、誰もいないことに安堵した息子は、トイレへ。

用を足し、トイレを出ようとした、その時。

ひとり暮らしのトイレの扉を
「トントン」

と、誰かがノックする音。

「ギャー」と声を出すこともできず、トイレから出ることもできず、ひたすら恐怖と戦いながら、15分はたて込もっていたそうです。

この話を聞いた私は鳥肌がたちましたが、夫と娘は
「そんなわけ、ないない。気のせい」

「怖がらそうったってダメ」。

でも、同じような「体質」の私には、わかります。

ほんとうだよね。

怪 その六十三 一晩中話しかけて

今から12年前のことです。

当時21歳となった私の愛猫が、腎不全のために最期を迎えようとしていました。

夜7時頃、それまで寝込んでいた愛猫が、突然喉をゴロゴロさせて私にすり寄ってきました。

私は
「どうしたの？　無理しなくていいんだよ」

と言いました。

それは、愛猫にとって、ありったけの力で立ち上がり、せいいっぱいのありがとうを伝えに来たのだと思います。

その晩は、愛猫にずっと話しかけていました。

以前テレビ番組で、

『一晩中話しかけたことで、

「今夜が山」と言われた犬が持ち直した』

と聞いた記憶があったからです。

あなたに出逢えてどれだけ幸せだったか。

過去の楽しい思い出。

たくさん生き方や世界の見方を教えてくれたこと。

どれだけ愛しくてかわいくて尊敬していたか。

腎臓病の末期でしたので、奇跡は起こらないことは覚悟しながらも、私もせいいっぱいの愛と感謝を伝え続けていました。

翌午前4時頃、私は眠気に負けて、つい、うとうととしてしまいました。

そこで見た夢は、家のカーテンから光がさし、時計が6時30分を示した光景。

それは一瞬のことで、すぐに目は覚め、また愛猫に語り出しました。

不思議な夢を見たなぁと思った程度でした。

そして、母の起きる時間。

母が2階から、階下の私たちの元へ降りてきたところで、愛猫は発作を起こしました。

私は愛猫を母に抱かせ、母の腕のなかで、愛猫は虹の橋を渡っていきました。

ふと、時計を見ると、朝日のさす6時30分。

あ、夢と同じ景色だ……。

愛猫は、夢を通じて、「自分はこの時間までがんばるよ」、とお知らせしてくれていたのだと思いました。

「死ぬときは身を隠さないで。

私たちに看取らせて。

最期まで一緒にいたいから。

家族全員が揃うことがなかなかないなら、

せめて私と母には見送らせて」

と以前から話していたことを守って、母が起きるまでがんばってくれたのだと思います。

そして今年のお盆。

眠っていると、明け方に愛猫の夢、そしてリアルに感じる愛猫の匂いとふわふわもふもふな感覚。

2年前に病気で亡くなった、父もおりました。

コロナで帰省できない私のために、2人で会いに来てくれたのだと思いました。

怪 その六十四 死んでもこわい

私は若くして夫に先立たれた、未亡人です。

夫が亡くなった後、一緒に暮らしていた一戸建て住宅から、私は賃貸マンションに引っ越しました。

ファミリー対応の50戸程のそこそこ大きなマンションで、エントランスには広い花壇があり、その花壇の縁石の高さは50㎝ほどあって、腰掛けるのにはちょうどよい高さでした。

いつも誰かしらそこに座って、おしゃべりをしていました。

夫が亡くなってから初めての夏がやって来ました。

夜に近い夕方、仕事から帰ると、マンションの花壇に夫が座っていました。

「どうしたの？」

と声をかけると、

「君が帰ってくるのを待っていたんだ」

という返事が返ってきました。

「へ？」

「だって……、勝手に入ったら、君が怒ると思って……」

「別にかまわないよ」

「ホント？」

と言って、すうっと夫は消えました。

その日は、早い方のお盆の初日。

急いで提灯とお迎えグッズを一式買い揃えてきて、歓迎の印の迎え火も焚きました。

8月のお盆に合わせてお寺の予約をしていましたが、フェイントです。

この時の出来事を周囲の人に伝えたところ、返ってきた答えは、みな同じでした。

「死んでも、こわいものは変わらずこわいものなんだな」

と、みんな納得したように言うのです。

生前の夫は、恐妻家で知られていました。

こわいこわいも好きのうち

松本ひで吉

今から100年ほど昔
高知県のある地区で原因不明の病が発生した
年齢も性別もばらばらな者たちが突如高熱と発疹を出し数週間のうちに死んでゆく
その正体のしれぬおそろしさに村人たちはこう噂した
名主の祟りであると――
かつてこの村には掛川信吉という名主がいた
ある時村人がお上の大切にしている木をあやまって切ってしまう
お上は激昂、掛川に自害を命じる彼は無念のうちに切腹し果てた
その怨念が今も村人を呪いつづけている…

——と、思われたが
昭和26年
研究により
ツツガムシの
感染症だと判明!!!
病は完全根絶された
科学サイコォ——!!
ヒュウ——
おっと
あらぶって
すみません。
私こういう
呪いを科学で
解決！ みたいな
話が大好きでして
松本ひで吉と申します
なぜなら
呪いやたたりが
本当にあったら
コワイから……
ないないないない
そんなんない
怨
怨
呪
と、いう一方で
〝ふしぎ〟がぜんぶ
科学でなきものに
されてしまうのも
寂しい…
キツネとか
タヌキとか
バリバリでいてほしい
ご先祖

やはり
死んだあとにも
なにかの世界が
あってほしいから
ですかね！
わーい
できれば
楽しく
そんなわけですから
怪談会とかには
参加するし
YouTube
で怪談朗読なんか
聞きまくり
ヒャッホー
そして夜
こわくなって
眠れない
のスパイラル――…
行くんじゃ
なかった…
自分でも
こわがるんか
楽しむんか
どっちかに
してほしい！
怪談を聞くときの
必須アイテム
犬
猫はなんか
視えてそうだからダメ
ギャグマンガ

そんなビビリなわたしが経験したふしぎな話をひとつ！
むかし東北にある座敷童子がでるという宿に泊まったことがあります
わ〜〜〜〜〜
雰囲気すご〜〜〜〜！
予約一年待ちして来てよかった〜
座敷童子…ほんとにでるのかな
ドキドキ
パタパタパタッ
子どもの足音
だれもいない
ナチュラルにでた〜〜〜〜

パッ
…！
ピピピピピピ
プチッ
鳥の鳴くおもちゃか
ピ
電池はいってない
パタパタパタ
うーん
なんだろうなふしぎなことに…
パタパタパタパタ
ピピピピ

ふしぎという
気持ちが一切わかん！
こんなの人から聞いたら
絶対
えーー
すごーーー!!
それで
それで!?
ひと
ってなるのに
いざ渦中に
おかれると
こんな気持に
なるのかぁ～
パッ
パタパタ
あまりにあたり前
にでてこられると
こちらもそれが
フツーな気が
してくる
が
夜になると
それはそれでコワイ
パタパタパタ
ヒイイイ
ずっといる～～
パタパタパタ
座敷童子を
見たものは
金持ちになる
玉の輿に
のる
いーったぇ
しかし

帰ってくれ〜〜〜!!!
自分からきといて失礼
翌朝
ねられませんでした
宿の人は
そうですか! 童子ちゃんが遊びにきてくれましたか
いいことありますよ!
と言ってくれましたが
特になんもなかったです!
童子もメーワクだったことでしょう
しかし——— ふしぎのまん中にいるとふしぎだと感じられなくなっちゃう
あのかんじは新鮮でした
ほぼ日の怪談もみなさん淡淡と語られますので
そこにリアリティを感じます
ほぼ

見えないものへの畏れとあこがれ
この気持があるかぎり人はこわい話に惹かれるのでしょう
ヒェッ
凶
それでもってもちょいちょいこわくなっちゃう時ありますよね
そんな時は
友人の画期的な一言を思い出すようにしています
今年厄年なんだよね〜〜〜
ちょっと気になっちゃう
アメリカ帰りの友人
そんなもんアメリカにはねえ!
なる〜〜〜
こわがりのみなさんはぜひ使ってください

おわり

怪 その六十五 川から出ていた

去年の夏、変なモノを見た。

それを見たのは夕方、会社から自転車で自宅へ帰る途中だった。

橋を渡った際、ふと下に流れる川に目を向けると、10メートル程先に、黒い三角コーンみたいなものが川からニョッキリと出ていた。

三角コーン？　と一瞬思ったが、なぜか、アレが、女の子なのだということが分かった。


〝三角形の形をした女の子の上半身が川から出ている。〟

よく分からない状況に混乱しながら家に着いた。

家に着き、息子と遊び、寝かしつけて一息ついた時に、夕方見た女の子を思い出した。


〝三角形？　なんで三角形なんだ？〟

そして寝ようと思ったその時、急にひらめいた。

〝あれは防空頭巾だ……。〟

夕方見たのは、防空頭巾を被った小学生くらいの女の子で、その子が川から上半身を出していたのだと。

なぜ見たのかは分からない。

あの子が私に何を訴えたかったのかは分からないけれど、今でもあの橋を渡るたびに、あの子のことを思い出します。

怪 その六十六 人が集まる場所には

劇場や映画館など、大勢の人が集まる密閉空間には霊も集まる……と、聞いたことがあります。

10年ほど前、地下にある劇場で観劇しました。

ちょっと残酷で、お芝居としてはおもしろかったのですが、少し後味がよくない内容でした。

その日以降、眠る前にはたしかに消した枕元のライトが、朝起きると点いている、ということが続きました。

手を伸ばしたくらいではスイッチに届かないので、眠ったまま自分で点けているとは思えません。

カメラを仕掛けて原因究明……、するのも怖くて、そのままに。

そんな状況が1か月ほど続いたころ、実家に帰りました。

当時、両親と妹が実家で暮らしていましたが、妹は、そこそこ霊感があります。

1泊して自宅に戻った翌日、妹から電話が。

「お姉ちゃん、何を連れてきたのよ。

寝てたら何かが耳元で叫んでいったけど」

そういえば、実家から戻って以降、枕元のライトがいつの間にか点いているということが、なくなっていました。

怪 その六十七

娘と間違えて

去年の夏、高校生の娘を学校に迎えに行った時の出来事です。

私は学校の敷地の隣にある駐車場に車を停めて、娘が来るのを待っていました。

その駐車場は、道路に面したところに金網のフェンスが建ち、私はフェンスの中央に道路が見えるよう、駐車していました。

時間は夜の7時頃、辺りは薄暗くなっていました。

着いてから数分後、制服を着たショートヘアの高校生が、校門の方から道路を走って来ました。

その子は私の車の正面に向かって走って来たので、私は自分の娘が来たのだと思い、車に乗せやすいよう出入口の方に車を移動させました。

移動させてから5分ほどたっても、娘は車に乗って来ません。

辺りを見回しても、娘どころか、誰ひとりいません。

何か変だなと思い、娘の携帯に電話をしました。

「今部活が終わって着替えてるから待ってて」

と娘。

えっ？　さっき走って来た子は娘じゃないの？

私は納得がいかず、さっき見たことをもう一度思い返していました。

その子は笑みを浮かべて走って来て、フェンスがあるのに車の正面に来て、パッと消えていました。

私はその時、「あれ？　今消えた？」と思ったのに、気にせず娘だと思い込んでいたような……。

それに娘の学校の制服はリボンなのに、その子はネクタイをしていて、何も荷物を持っていませんでした。

その後、校門から出て歩いて来る、大荷物を持った娘を見て、まったく違うと確信しました。

「あー、またか」

いつも私はそうなんです。

ハッキリと見え過ぎて、生きている人だと思っては、つじつまが合わないことに気づき、後から「違う」とわかるんです。

今でも娘を迎えに行く度に、あの時のことを思い出します。

笑顔で私のところに走って来たあの子を、娘と間違えて車に乗せて帰っていたらと思うと、ゾッとします。

怪 その六十八　面会謝絶の部屋

10年以上前、ぎっくり腰で入院していた時の話です。

症状は思ったよりも軽く、なるべく歩き回ってくださいと言われていたので、トイレも病室のではなく、廊下にあるトイレを使用していました。

そのトイレの少し先にある病室には、「面会謝絶」と書いてありました。

入院して数日経った頃、夜中にトイレに行きたくなったのですが、夜の病院の廊下って薄暗くて怖いだろうな～と思って廊下に出ると、意外にも明るくて、廊下の端から端までハッキリと見える感じでした。

部屋を出た時にはまったく気づかなかったのですが、もうすぐトイレという時に、寒気がしたのです。

2月だったので、寒いのは当然ですが、何か違いました。

ふと廊下の先に視線をやると、あの面会謝絶の部屋の前に、しゃがみこんでいる人がいます。

『こんな夜中に？』と思うと同時に、『見てはダメだ』と感じました。

トイレから出る時も、そちらの方は見ずに病室に戻りました。

次の日、何となくその病室の前まで行くと、面会謝絶の張り紙はなく、部屋もキレイに片付いていました。

もう長く入院している隣のベッドのオバチャンにその部屋のことを聞いてみると、

「ああ、あの部屋の人は、昨日のお昼に亡くなったみたいよ」

って……。

私が見たのは昨夜……、ひ～～っ！！！　って思ったのですが、同じ病室の人には、そのことは話しませんでした。

しばらくして退院することになり、荷物をまとめてエレベーターで1階に行く途中、ひとつ下の階に止まりました。

でも、誰もいません。

「閉」ボタンを押して、1階まで下りてエレベーターを出る時に、荷物を持っていた手を誰かにギュッと握られました。

もうあとは何も考えずに病院を後にしました。

あれは一体何だったんだろう？　と、考えるのもイヤです。

怪 その六十九　ほんとうは4号室

吉野の山奥で、会社の仲間たちとバーベキューをしたある夏のことです。

男性たちは離れの一軒家のような建物を借りていました。

女性たちは「クラブハウス」と呼んでいる母屋の一部屋でした。

「クラブハウスの2階の5号室」と言われて、女性3人で探してみるのですが、見つからないのです。

フロントに戻ってそのことを話し、係の方に案内してもらうと、確かに何度も通ったところです。

少しだけ奥まった部屋への入り口を見落としていたようでした。

ただ、そこは4番目の部屋。

縁起が悪いから「5」にしたようでした。

ところが、部屋に入り、荷物をおいた途端、ひとりが急に「頭が痛い」と言い出しました。

部屋はごく普通の和室で、変わったところは何もないのですが、私ともうひとりも、落ち着かないのです。

急いでお昼のバーベキューをするために離れへと向かうと、頭痛がしなくなった、というのです。

それからは部屋に戻りたくなくて、離れの一部屋ですごしたのですが、翌朝、不思議なことが起こりました。

荷物は5号室に置いてあり、お風呂の後の手拭いを室内に干していたのですが、3枚並べて干していたうちの、「頭痛」の彼女の手拭いだけが、びっしょり。いま絞ったばかりというような状態です。

恐ろしくなって離れの男性たちに話すと、おもしろがって見に来てくれたのですが、そのうちのひとりが窓の障子を開けた途端、「あっ！」。

窓の外は、墓地。

昨日、部屋についた時には、気がつかなかったことです。

墓地のせいなのか、ほんとうは「4号室」だからなのか、気味の悪い経験をしました。

以来会社で、給湯室やトイレのタオルが乾いてないと、みなが思い出して、「ゾーッ」としています。

怪 その七十

そこ、そこに人がいる

私の夫の体験談です。

今年の春頃、夫は仕事で面倒な案件を抱えていた時期がありました。

そのストレスのせいなのか、寝つきが悪くて真夜中に目覚めてしまうこともしょっちゅうでした。

そんなある日、また真夜中にふと目が覚めたそうです。

夫と私はダブルの布団に並んで寝ていますが、その間に挟まるようにして、見知らぬ男の横顔だけがあったそうです。

その顔だけ男は、ピクリともせずに、天井を見上げていたとか……。

夫が、これは困ったな……と思案していたら、いつの間にか今度は、黒髪ロングの女性が、いわゆる体育座りの姿勢で、私が寝ている方の布団の脇にいたそうです。

こちらもジーッと一点を見つめて動かない……。

さすがに〝気持ち悪いなぁ〟と感じたらしく、夫は私を揺り起こしました。

「そこ、そこに人がいる」

と女性がいる位置を指差して私に小声で言うのですが、私には何も見えず、「誰もいないよー？」と寝ぼけ眼で答えた瞬間に、女性も男性も、スゥーっと消えたそうです。

私はすぐさま眠ってしまいましたが、夫は悶々として朝を迎えたらしく。

会社で同僚に話しても「疲れてるんじゃないですかー？　大丈夫ですか？」と取り合ってもらえずじまいだったそうです。

怪 その七十一　事故のすぐあとに

今から20年以上前、受験生だった私は、家族みんなが寝静まる中、ひとり2階の自室で勉強をしていました。

当時住んでいた場所には、往来の激しい国道と、その少し下に旧国道があり、我が家は旧国道沿いにありました。

旧国道から
キキーーッ、ドン！

と音が聞こえて、

「事故かな？」と窓から見ようかな、と思ったその時。

玄関のドアを「トントントン」と叩く音がしました。

二階に居ましたが小さい家で、また深夜で物音がしなくて、聞こえたのです。

「え！　ケガした人が灯りを頼りにウチに来たの？」

ドキドキして、様子を見に行こうか、親を起こそうか、迷っている内に遠くから救急車のサイレンが。

でも、

キキーーッ、ドン！

の直後にドアをノックって……。

道路から自宅は少し歩かなきゃならない距離なので、いろいろ腑に落ちない出来事です。

助けて、ってことだったのでしょうか。

怪 その七十二

仲間の輪に入りたい

20年前、学生寮に住んでいた夏に起きた出来事です。

深夜1時過ぎ、部屋の暑さに耐えきれず、廊下に出て涼んでいたところ、同じ階の友人も寝つけないと起きてきたので、階段近くで井戸端会議をはじめました。

深夜のため、話し声を小さくしていたものの、やはり響いていたようで、起きてきた他の友人も加わり、気づけば7人くらいで楽しく話をしていました。

ふと廊下に目を向けると、一番端っこの部屋にいる友人・ミキが部屋から出てきたのが見えたので、トイレに起きてきたのかなと思い、一緒におしゃべりしよう、と、声をかけようとした時でした。

隣にいた友人が突然グッと、私の腕をつかんで、

「話しかけちゃダメ。

あれはミキじゃない。

ってていうか、人じゃない」

と言うのです。続けて、

「こっち見てるけど、
気づかないフリだよ」

と。

ちらっと目を向けると、近づきたそうにずっとこちらを見ています。

彼女を見ないようにすればするほど、こちらの輪の中に入りたそうな圧を感じてしまい、恐怖から話しかけそうになりましたが、友人に言われたとおり、目を合わさないで、気づかないフリをして、彼女がその場を去るのを待ちました。

しばらくしてトイレ方面へ歩いていき、また戻ってきてこちらをうかがっていたようでしたが、あきらめたのか、廊下の突き当りのほうへ消えていきました。

その晩、みんなが眠れなかったのは言うまでもありません……。

念のため、次の日にミキに
「昨日夜中にトイレに起きてきていないよね？」

と確認したら、朝まで熟睡していたから部屋から出ていない、との返答。

やっぱり人じゃなかったんだ……、と再認識し、こわくなりましたが、一方で、楽しそうに話していた仲間の輪に入りたかったのかなと、ちょっとかわいそうだったかな、とも思いました。

後日わかったことですが、何年か前に寮で亡くなった学生がいたようで、通りすがりの彼女はその子だったんじゃないかという話になりました。

人も幽霊も、みんな楽しそうな場所に集まりたいんだな、と感じた出来事でした。

怪 その七十三

母の不思議な力

私が中学生の頃、ひとつ上の先輩にKさんがいました。

Kさんのお母さんと私の母は仲が良く、当時、母からも
「Kさんのお母さんと○○行ってくるね」

とよく聞いていました。

ある日、私が学校から帰ってくるなり母が、

「Kさんのお母さんが亡くなっちゃったからお通夜にいくわよ」

と言い、急いで支度をして母の車に乗せられました。

話によると、Kさんのお母さんは昼間、見通しのよい交差点を歩行中に、信号無視をした乗用車にひかれて亡くなってしまったとのこと。

当時、子供なりに、身近な人が急に亡くなると哀しさや驚きを通り越してキョトンとするものなんだ、と思ったことを覚えています。

葬儀場に着き、並べられた椅子に母と座ると、祭壇端にKさんのご家族らしき方々がいるのがわかりました。

その中には、Kさんの後ろ姿もありました。

お通夜がはじまり、順々にお焼香をあげる中、

「あなた、死んじゃったのよ」。

母が泣きながらぼそりと言いました。

母曰く、Kさんのお母さんは祭壇端の家族の上に浮かんでいて、家族に向かって手を振っていると。

自分が見えていないことに気づいていない様子だと言いました。

私は何言ってるんだろうと、母の発言を無視しました。

数日後、こんどは、Kさんのおばあちゃんが亡くなりました。

母は、Kさんのお母さん亡き後、旦那さんや子供たちの負担になってはいけないと思い、Kさんのお母さんが連れて行ったのではないかと言いました。

お通夜の時の手を振る光景も、今思うと、おばあちゃんに向かって「手招き」をしていたのでは、と。

母の不思議な力に驚きながらも、当時反抗期真っ只中だった私は、そのことについて母に尋ねることができませんでした。

怪 その七十四 庭にいた男の子

たまにふと思い出す、ちょっと変な話です。

その時私は、小学校3、4年生くらいだったと思います。

ある夜に、変な夢を見たんです。

私の家はマンションの一階で、小さな庭があります。

夢の場面はその庭で、私は、物干し竿の近くでにこにこしながら立っている、茶色の髪でかっこいい顔をした男の子と見つめ合っていました。

しかし、その男の子は実際に会ったことも見たこともないし、当時よく読んでいた少女漫画雑誌のキャラクターでもありませんでした。

ほんとうに知らない子だけど、かっこいい子だなぁ、と思った矢先、突然その男の子が包丁で、自分の首をストンと切り落とし血が飛び散る、というぶっ飛んだ展開を迎えます。

意味が分からず呆然としたままでいた私は、不思議とスッと目が開き、夢からゆっくり引きずり出されるように目が覚めました。

目覚めてすぐは夢の内容を生々しく覚えていましたが、学校に登校してからはすっかり忘れ、いつも通りの調子で夕方ごろに帰宅しました。

帰宅をすると、母と、まだ小さかった弟が一緒にお風呂に入ろうとしているところでした。

父はまだ仕事で帰ってきていません。

私はその頃怖がりなのもあり、トイレなどの個室に入る時、家では扉を開けっぱなしにする癖がありました。

トイレに入ろうとして、いつものように扉を開けたまま用を足していると、不意に気になって、開けたままの扉に目を向けました。

すると、夢に出てきた、私の家の庭先で首を切った男の子が、トイレの扉に半分身を隠す感じでこちらを見ていたのです。

慌てて二度見をしたら、もうそこには誰もいませんでしたが、その一瞬が数十秒あったのではと思うほど、私はまた男の子と目が合ったのです……、たしかに、合ったのです。

忘れていた夢をザァッと思い出し、うなじのあたりにざらりと鳥肌が立ちました。

私は未だに、ふと、このことを思い出すのです。

怪 その七十五 あるじが気に入る家

私が小学校の頃、引っ越しをしました。
父が
「すごくいい建売り住宅を見つけた。
もう手付金も払っちゃった！」
と言うのです。
次の日曜日、母がその家を見に行きました。
「何もよくなかった！

おばあちゃんの部屋は一階になきゃだめ」

と母は言い、結局、そこの近くの家を買ったのでした。

それから何年も住むうちに、父の気に入った家は持ち主が何度も何度も変わりました。

「やっぱり不便なんだよ、私の目に狂いはない」

と母は得意げでした。

中学生の頃、転校生が来ました。

その子はあの「父の気に入った家」に引っ越してきたのです。


ところが、半年も経たぬうちに近くのアパートに引っ越しました。

「不便だから直すんじゃないか」

と我が家で話題になりました。

学校帰りその子に会ったので
「家、修理とかするの？」

と聞いたところ、意外な答えが返ってきました。

「お父さんが急に倒れて入院してたの。
原因が全然わからなくて、
わからないからお祓いに行ったら、
『あるじが死ぬ家に住んでいる』
って言われたんだ。
それで急いで引っ越したの。
お父さんは気に入ってたんだけどさー」

家を売って引っ越したら、お父さんの具合はよくなったそうです。
そんな家ですが、持ち主を次々と変えながら、今もあります。
空き家の時期はほとんどありません。
友だちのお父さんや私の父のように、あるじが一目で気に入るからだと思います。

怪 その七十六 母に夢で言われた

今からするのは、まだ幼かった私が祖母から聞いた忘れられないお話です。

祖母は幼い頃に母親を亡くし、その後、父親と、後妻として嫁いできた義母に育てられることになりました。

義母は祖母に辛く当たり、欲しいものがあっても言えずに我慢していたそうです。

そんなある日、学校で文房具が必要となり、父親に伝えたところ、

「義母に言いなさい」

と言われたそうなのですが、言えずに困っていたそうです。

そんな時、夢の中に祖母の亡くなった母親が現れて、

「水屋（食器棚）の上にお金を置いておくから。

そのお金で文房具を買いなさい」

そう夢の中で言われたそうです。

目覚めてから、実際に水屋の上に手を伸ばしてみると、夢と同じく、お金が置いてあったそうです。

そのお金で、文房具を買ったの。

と、祖母が話してくれたことが今でも忘れられません。

娘のことを案ずる母親の愛情は、亡くなってからも変わらない。

自分が母親になったいま、幼い頃とは違った感情で、このお話を時折、懐かしく想い出すのでした。

怪 その七十七 人形の向きが

母は雛人形で怖い思いをしたとのことで、私には「人形」というものを買ってくれませんでした。

女子大に通う頃はさすがに人並みに部屋を飾りたくて、部屋にスヌーピーや亜土ちゃん人形を置くようになりました。

ある日、下校時に夕立ちで困っていた人に傘を貸してあげました。

その数日後、貸してあげた傘と一緒に、小さな人形が靴箱に入っていました。

その人がお礼に入れてくれたんだなぁと思いました。

当事流行った亜土ちゃん人形を小さくしたような人形は、スヌーピーたちの仲間入りをし、しばらくは何事もなく過ぎていきました。

そのうち、机に向かっていると、背後に何か、違和感を感じるようになりました。

振り返ってもベッドとチェストがあるだけで、特に変わったこともなく。

また数日後、やはり背後に何か……。

あぁ、母が掃除でもしてくれたのか、チェストの上の小さな人形があらぬ方向を向いていたのです。

ところが母は掃除どころか、部屋にも入ってないと言うのです。

私がチェストの開け閉めで、気づかないうちに動いたんだと思い、何度も何度も引き出しを動かしてみましたが、人形が動くわけもありません
その時、これはひょっとして、と思い、その小さな人形をわざと背中向きに置いてみました。

案の定、気がつくとその人形だけが向きを変えているのです。

もちろんチェストにはさわっていませんし、他のぬいぐるみや人形は動くはずもなく。

傘を貸した同じ女子大の人は、あとにも先にも会うことはなく、友だちにも、そ

んな人知らない、と言われる始末。

あまりに不気味な出来事だったので、その人形は、母の助言で、心を込めて書いた写経にくるんで処分しました。

30年以上経った今、思い出してもざわざわしてきます。

怪 その七十八 ノックの仕方

私（中年女性、アメリカ在住）が、体験した話です。

去年のある秋の週末の夜、リビングにいたところ、ドアをノックするような
「コン……コン……コン」

という音が聞こえました。

こちらのノックの仕方は大きな音を出すもので、それとはくらべものにならないくらい小さな音でした。

そして、こちらには、私のうちに訪ねてくる日本人の知人はいないので、不審に

思いつつも、すぐに玄関に行きましたが、誰もいません。

リビングに近い他のドアや窓もすべて見て回りましたが、誰もいません。

「コン……コン……コン」というそれぞれのノックの合間が等間隔で長く、しかも控えめな音で3回だけというのは、どう考えても、こちらアメリカの一般的なノックの仕方とは、かなり違います。

こちらは大きな音で、数回立て続けに「ダ、ダ、ダ、ダ、ダ」とたたくのが一般的です。

たまに、カナブンのような虫が窓にぶつかることがありますが、それとも音が違います。

そんなことを考えているうちに、はたと気づきました。

あれは、祖母が私に会いにきてくれたんだと。

じつは数か月前、日本の弟からメールで

「秋になったら私以外の孫がそろって、亡き祖父と祖母のお墓を開け、お骨を共同墓地にうつす」

と聞いてはいたんですが、それが実際におこなわれたのが、その週末だったんです。

私の母は40年近く前に若くして亡くなったため、祖母が私たちを育ててくれました。

また私のおばもその後、早くに他界し、おじや他の孫たち（私以外全員男）はあまり祖母の話し相手になってあげなかったので、私が一番の話し相手でした。

お墓が開けられたので、祖母が空を飛んでアメリカまで来ることができたのかな？　なんて思いました。

怪 その七十九 稲光の瞬間

夏の夜の出来事です。

その夜の天気は荒れに荒れ、大雨とともに雷鳴が響いていました。

雷が苦手な私は、タオルケットを頭まで被り、嵐が過ぎ去るのをじっと待っていました。

ひときわ明るい稲光のあと、

ドドドドォォオン！

と大音量が鳴り響き、落雷で地が揺れました。

耐えられなくなった私は、せめて人がいるところへと、一階の居間へ避難するため、部屋を出ようとしました。

飼い猫が自由に出入りできるように少しだけ開けてあるドアへ向かっていたところ、また稲光が部屋を明るくしました。

その瞬間目の前に現れたのは、ドアの隙間から部屋を覗き込む、男の白い顔。

思わずヒィィッ!!　と悲鳴が出て、その場にへたりこんでしまいました。

「M子どうした!?」

兄の声で我に返りました。

「なんだお兄ちゃんか…、脅かさないでよぉ」

と泣き声で訴えると。

悲鳴が聞こえたので部屋から出て見にきたら、座り込んでる私がいた、と言うではないですか。

えっ……、じゃあ部屋を覗き込んでいたのは、誰？

その日からドアは閉めるようにしましたが、猫がノブに手をかけて、自分でドアを開けられるようになってしまい、ずっと隙間が怖かったです。

怪 その八十 「開けてちょうだい」

今から50年近く前、私が幼稚園に通っていた頃のことです。

当時、わが家は1階に母方の祖父母、2階に両親と私、弟が住む二世帯家族でした。

ある晩、2階の居間で絵本を読んでいると、階段に続く廊下と居間を仕切るドアの向こうから
「開けてちょうだい」

と声がしました。

祖母が両手に何かを持って上がって来たのだと思った私は、急いでドアを開けました。

しかしそこには誰もおらず、明かりもついていない真っ暗な状態でした。

聞き間違いかと席に戻ると母が、

「あら、おばあちゃんは？」。

声は、母にも聴こえていたのです。

それから数日後、祖母が私に尋ねました。

「昨日の夜中に、おばあちゃんのところに来た？」

祖母が寝ていると、

「おばあちゃん、カギちょうだい」

と私の声がしたそうです。

こんな夜中に子どもを待たせては、と寝ぼけまなこで
「はいはい、どこのカギ？」

と飛び起きたけど、誰もいなかった。

もちろん、私ではありません。

あれはいったい、誰が、どこへ行こうとしていたのでしょうか？

数年後、外階段溶接工事の失火で、家は全焼。

人的被害はありませんでした。

しかし現場写真の1枚に、見知らぬ女性の顔が写ったので、地鎮祭は念入りにやった……、という事実は、もっと大きくなってから母が話してくれました。

よくよく聞くと、顔が写ったのは元の家の2階の玄関で、建て直し後の私の部屋でした。

その事実を知る前から、私はラップ音と金縛りに悩まされ、自分の部屋が好きではありませんでした。

怪 その八十一 古い呼び出し音

同じ職場の女性Aさんから聞いた話です。

Aさんのご主人が長崎に単身赴任していたとき。

ご主人は社宅に住んでいて、部屋には固定電話をひいていたそうです。

ある夜、ウトウトしているときに電話が鳴りました。

出なきゃと思い、起き上がりながら気づきました。

黒電話の音……？

部屋にある電話は、「プルルルル」と鳴るタイプのものです。

そんなはずはない、昔の黒電話の音がするはずはないと少し怖くなり、そのまま電話には出なかったそうです。

後日、同じ社宅に住んでいる同僚に、そのことを話すと、その同僚が言いました。

「そういえばこの前の土曜日、お前の部屋から黒電話の呼び出し音が延々と鳴ってたぞ」と……。

その日は出かけていたそうですが、もしその電話に出たら、どこと繋がっていたのでしょうか？

考えるとゾッとします。

怪 その八十二　何度も夢に

物心ついた頃から、数年間隔の不定期で見知らぬ男の人が夢に出てきます。

その人は、痩せ型の長身、短髪、面長で40代くらいの男性。

服装は薄汚れた半袖シャツに作業ズボン。

いつも物悲しげで、突然私の家の中に現れるのです。

（夢の中でです。）

その男の人が現れる前触れは、決まって就寝中、急に動悸・震え・とてつもない恐怖に襲われ、嫌な感じのゾクゾクが止まらなくなります。

何度も経験するうちに「あ、またあの人が来る」と分かるようになりました。

現れても特に何をするわけでもなく、家の中をウロウロと歩いて回っています。

まるで何かを探しているかのように……。

夢に出てくるようになってから30年以上経ちますが、その人の容姿は歳をとることもなく、ずっと変わらないまま。

一方、こちらは毎回、知らない人が突然自分の家に入り込んで居る恐怖で何も話しかけることが出来ず、見つからないように逃げて逃げて……目を覚ます……ということを長年に渡って繰り返していました。

数年前、その男の人がまた夢に出てきました。

そして、ついに勇気を振り絞って話しかけることにしたのです。
まずは、どうして人の家に入り込むのか？
うちの父に見つかれば大騒ぎになって警察沙汰になる。
どうか黙って入り込むのをやめてくれないか、と、伝えると、その人は
「あなたにしか見えないから大丈夫」
とぼそっと言うのです。
次に、あなたは一体誰なのか？
なぜここに来るのか？
と聞いてみると、答え辛そうに小さな声で一言
「……を待っている」、と。
え？　誰を待っているの？
そもそもあなたは何歳？　何年生まれ？
と、さらに問い詰めました。
「明治44年、あなたと同じくらいの歳だ」
と答えてくれました。

誰を待っているのか知らないけれど、きっとあなたが待っている人はこの世には居ないと思う……、と、伝えたのと同時に目が覚めました。

その後、「明治44年生まれで40代で亡くなった男の人」が親族に居ないかを調べましたが、親に聞いても、親戚に聞いても、墓誌を調べても、該当する人は居ませんでした。

一体あの人は誰だったのでしょう……。

未だに分かりませんが、あの会話の後、パッタリと現れなくなりました。

長いこと誰かを待ち続けていたのでしょうか。

約束の待ち合わせの場所がたまたま我が家と同じ場所だったのかもしれません。

彼が40代で亡くなったとすれば、その頃の我が家の場所は、海に近い田舎の駅前でした。

このまま、この先も現れずに、成仏してくれていたら良いな……と願っています。

怪 その八十三　夕暮れの散歩

私のいとこはけっこう霊感体質で、家の特定の場所で必ず金縛りにあったり、誰もいないはずの2階から女の子の声が聞こえたりとよく不思議な体験をするのです。

そんな彼女が九州へ行った時の体験談です。

彼女と他の姉妹、そして両親と夕方、外を歩いていた時に、犬の散歩をしているおじいさんとすれ違いました。

「今の犬、かわいかったね」

と家族に言うと、

「え？　犬？」

と怪訝な顔をされてしまったそう。

彼女以外の誰ひとり、犬を見た人はいなかったのです。

おじいさんがひとりで歩いていただけだ、と。

驚いて彼女が振り返ると、たしかに遠くなるおじいさんの足元に、先ほど見たはずの犬はいませんでした。

その道は、田んぼの横の見晴らしのよい一本道。

なにかと見間違えるようなこともありません。

でもたしかに彼女は、おじいさんの足元に寄り添って歩く犬を見たと言います。

犬種や毛の色まで、はっきり見えたらしいのですが。

夕暮れは、逢う魔が時。

大好きだったおじいさんとの散歩を今も続けているのかもしれません。

怪 その八十四 夜の百貨店

友人から聞いた話です。

20年ほど前、彼女が大手系列の百貨店のショップ店員をしていた頃のこと。

その店舗は実務の忙しさに反して人員が少なく、友人はなんとか切り回そうと無理をし続けて、体調も崩しがちでした。

その日もバックヤードで残業をしていたところ、周りはみんな帰って彼女ひとりになってしまいました。

薄暗い事務所で黙々と作業をしていると気持ちが落ち込み、両肩に疲労が重たくのしかかってくるようだったそうです。

ようやく残務を終えて帰ろうとした時です。

椅子から身を起こした彼女は目まいと立ちくらみを起こし、そのままよろけてバタンと床に転倒してしまいました。

幸いに大きな怪我はなかったものの、痛いやら情けないやら悲しいやら。

友人はすっかりいろんなことに嫌気がさして、誰も見ていないのをよいことに、そのまましばらく床でぼんやりしていました。

すると、なぜか目の前に小さな足が見えたそうです。

彼女はデパート店員ですから、まず考えたことは（迷子だろうか？）でした。

しかし、考えてみれば閉店後の百貨店です。

そしてフロアより奥の事務所です。

子どもがどうやってここまで入ってこられたのだろう？

顔は角度的に見えませんでしたが、小さな気配では男の子のように思えました。

子どもはしゃがんで彼女を覗き込み、ひとこと言いました。

「たのしい？」

何も言えず固まる彼女の側から、それきり気配は消え失せたそうです。

慌てて起き上がって見回してみても、ドアは閉まり、足音もせず、事務所の中に子どもなんていませんでした。

結局それがなんだったのかはわかりませんが、彼女はその後すぐに百貨店を辞めたそうです。

怪 その八十五 親戚の家々を

わたしが小学校低学年だった頃。

当時、1階の寝室で両親とわたし、弟の4人で休んでいた時のことです。

深夜に隣のリビングの階段から、トン、トン、トンと誰かが降りてくる音が聞こえました。

その音で4人とも目を覚まし、

「2階に誰もいないはずなのに変だね」

と言いながらしばらくそのままで気配をうかがっていました。

すると、階段から聞こえる足音は徐々に大きくなり、父が確認しに2階へ行きましたが

「誰もいないし、窓も閉まっていたよ」と。

その数時間後の早朝、父の叔父が亡くなったとの知らせがありました。

その父の叔父の葬儀後の会食の席で、父がその音の話をしたところ「うちも」「うちでも」と親戚中が、同じ時間帯にそれぞれ不思議な音を聞いたことがわかりました。

父の伯母の家では、コップを箸でたたくような音、別の伯母の家では酒瓶を2本ぶつけるような音。

さらに、乾杯の時のグラスを鳴らす音が何度も聞こえたので、「ああ、来たのか」

と言ったらその音が止まった、という伯母も。

彼女は自分の弟（父の叔父）が別れの挨拶に来たのだと察知して、そのように言ったそうです。

父の叔父は生まれつき心臓に病がありました。

手術をすれば治ると言われていたのに、手術を受ける勇気がなくて、死の影から逃れるように毎日お酒を飲んで気を紛らわせていた人でした。

家賃収入があったので働く必要もなく、お酒を飲んではフラフラと親戚の家に遊びに行き、行った先々でお酒をごちそうになっていました。

コップや酒瓶の音がしたのはそのせいだろうと、皆が納得。

わたしの父はまったくお酒が飲めないため我が家には料理酒しかなく、お酒を出したことがなかったので階段で足音をたてたのでしょう。

後日、亡くなったその叔父の奥さんが会葬のお礼に我が家を訪れた時に、

「私ね、うちのお父さんが運ばれた病院で亡くなった後、病院の廊下を歩いていたら、後ろからお父さんに追いかけられたの。ものすごい顔してて、自分の旦那でも怖かった」

と言っていました。
そして
「気が小さくて怖がりな人だったから、私に助けてもらいたかったのかもしれないね」
と。

怪 その八十六　朝のベランダ

私がまだ大阪に住んでいた頃の話です。

今でもあれは何だったのかと不思議な体験なのですが。

当時の部屋は、ベッドの枕側がすぐガラス戸で、ベランダになっていたため、前日、カーテンを閉めず寝ていた私は、朝の光で目を覚ましました。

朝の何時かはわかりませんが、ふと、視線を感じて目線をベランダにやると、ベランダの、隔て板と言うのでしょうか、左隣の部屋との境にある、ベランダを隔てている板の上からこちらをじっと覗いている方と目が合いました。
思わず目を逸らし、また同じ場所をみると誰もいませんでした。
数秒の出来事です。
私は目が悪く、裸眼だとほぼ見えません。
でも、はっきりと、覗いている方の首から上が見えたことにあれは何だろう、と。
もし、人であれば、かなり背が高い人です。
怖さと不思議な感じが入り混じった感覚でした。

怪 その八十七 かわいそうな人形

私が小学生の高学年の頃のある日、知人の○○さんが、知り合いからお人形をもらったがどうしても気味が悪いので、お寺で処分してほしいということで、持って来られました。

僧侶である父は、前の晩に徹夜をしていて仮眠中だったため、紙袋に入れられたそのお人形をそのまま食卓テーブルに置いておきました。

しばらくすると、そんなに暑い日でもなかったのに、いつもはひょうきんな父が汗をびっしょりかいて、ものすごい形相で起きてきて、仮眠中になにか変わったことはなかったかと聞いてきました。

○○さんが、知り合いからお人形をもらったけど、気味が悪いからと持ってきたのを預かったと父に話すと、父はすぐに食卓テーブルに置いた紙袋から薄い布に包まれたお人形を取り出しました。

父がその薄い布を開くと、和服姿で、胸の前で軽く手を合わせて、少しだけ首をかしげて俯いている女性のお人形が出てきました。

そのお人形を見た時の気持ちをうまく言葉で表現できないのですが、小学生ながら、「絶望しきった人」ってこういう姿なのかな、と思うような、すごくさみしくてかわいそうな気持ちになりました。

父がすぐにそのお人形を持ってきた○○さんに電話をして経緯を確認したところ、恋愛トラブルが原因で心を病んでしまった女性が、入院中に作ったお人形であるとのことでした。

通常、お寺で預かった因縁のあるものは、しばらく保管し、一定の期間が経過してからお焚き上げするのですが、このお人形はちょと他とは違うからと、父はその日のうちにお焚き上げをしました。

その日の晩ごはんの食卓で、あのお人形を作った女性の心が癒えるといいねと、珍しく静かに話していました。

怪 その八十八 白いふくらはぎ

母から聞いた話です。

母の母、つまり祖母は、母が中学生の時に癌で亡くなったそうです。

母には当時小学生の弟が二人いて、学校に通いながら母親代わりをしなければならず、たいへんな毎日だったそうです。

ある日裏庭にいると、台所からまな板を包丁で叩く、リズミカルな音が聞こえてきたので不審に思って覗くと、台所に掛けられた暖簾の下から、白いふくらはぎが見えたそうです。

弟たちの足ではありません。

怖くなって、隣のおばさんを呼びに行きました。

おばさんはその状況を見て、

「〇〇さん、子供たちのことは大丈夫やから、成仏して。」

と言ってお経を唱えました。

するとふくらはぎはスーッと消えて、包丁の音もしなくなったそうです。

怪 その八十九　緑の服の少年

私はこれまでの人生で、ふたりの人から緑の服を着た少年の不思議な話を聞きました。

ひとりめは友人の話で、家の屋根に男の子が、腕を胸の前で組んで足を開いて立っていた、という話。

肌は茶色で、緑色のピーターパンのような服を着て、耳が尖っていて、目がギラギラしてたそうです。

もうひとりは職場の先輩の女性で、駅からアパートに帰る途中に、緑色の服を着た、肌が茶色い耳の尖った男の子がいて、怖かったので急ぎ足で帰るとさっきの少年が先にアパートの近くにいて、いったいどうして自分より先に来れたのか、すごく気味が悪かったと言っていました。

ふたりとも、嘘をつくような人ではないです。

他にも見た方がいるのか、気になります。

怪 その九十 犬にもお迎えが

5年前の春です。

当時飼っていたミニチュアダックスフントのクッキーは、14歳になったところでした。

年齢の割には元気で、まだまだあと何年かは長生きできると思っていました。

ある晩、1階に寝ていたクッキーは、夜中に過呼吸のような症状が出て（これは幼い頃から時々出ていたのですが、歳をとるにつれてひどくなっていたと思います）、その時はとても苦しそうで、長引いて、2階の寝室にいても聞こえてきました。

心配になり、見に行こうとしたのですが、おさまったようなのでそのままベッドに。

その時、パタパタパタパタ……と、尻尾をふる音がしたのです。

短毛のクッキー、尻尾は長く、ムチみたいです。

座ったまま尻尾をふると、そんな音がします。

え、なんで尻尾ふってるの？

真夜中、誰もいない真っ暗なリビングに、一匹で寝ているクッキーです。

夢見た？　でも、さっきまであんなに苦しげにゼイゼイ言っていたのに、寝ぼけているはずがありません。

びっくりして、あわてて1階に降りていき、電気をつけました。

ケージの中には、座って、私を見てうれしそうにしているクッキーがいました。

その半年ほど後に、クッキーは一か月ほど体調を崩して、あっと言う間にあちら側へ行ってしまいました。

しばらくしてその春のことを思い出して、ああ、父がお迎えにきたのか、と納得したのです。

その数年前に亡くなった私の父は犬がとても好きで、たまにうちに泊まりに来るとクッキーを散歩に連れて行き、かわいがりました。

父のお仏壇は、クッキーのケージのすぐ前にあったのです。

苦しんでいるあの子を見て、心配になり、様子を見にきたのでしょうね。

犬にもお迎えが来るんだ、と思ってうれしかったです。

人間も、きっとあちら側では、来る人を見ているのかもしれません。

怪 その九十一　不自然なほどの暗闇

今から、もう15年以上前のことです。

私は、当時勤めていた広告会社の社員旅行で北海道へ。

仲のよいグループでレンタカーを借りて、あちこち回りました。

途中、ほんの数メートルのトンネルのような空間があったのですが、そこで私は、撮り終わったカメラのフィルムをちょうど巻き戻すところでした。

古いタイプのカメラなので、その音が車中に響き渡った、その時。

不思議なことに、車の中が一瞬、何も見えないほど真っ暗に。

すると、私の前の席（助手席）に乗っていた女の子の悲鳴がし、その後すぐに、またごく普通の明るさが車内に戻ってきました。

私のカメラの巻き戻し音に驚いて悲鳴を上げたものと思った私は、

「ごめんね、すごい音だったもんね」

と謝ったのですが、彼女は半ば放心状態。

そして、今度は泣き出してしまいました。

しばらくして、彼女が落ち着くのを待って聞いた話によれば、車内が真っ暗になった、あの瞬間。

彼女が座っていたシートの背中部分からぬっと両手が出てきて、すごい力で彼女の体をつかんだのだとか……。

彼女の後ろにいた私はもちろん、他の誰もそんなイタズラはしていません。

その後も、彼女はその時の手の感触を思い出してか、泣くばかり。

せっかくの社員旅行も、この一件で微妙な空気になってしまいました。

不自然なほどの暗闇になったあの瞬間を、今でも時々思い出します。

もちろん、その時の話は、私たちの間では完全にタブーになりました。

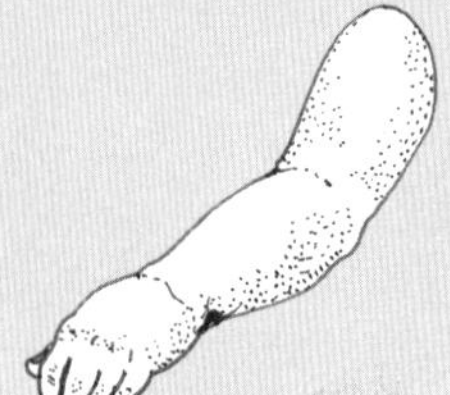

怪 その九十二

悲しくて淋しくて

私がまだ独身で、デパートに勤めていた頃のこと。

いくつかのブランドのショップをまとめる担当をしていました。

その中のひとつのショップの店長は、とてもサバサバしていて男前の素敵な女性でした。

同い年ということにも親近感を覚えていました。

ある日、

「なんかカゼひいちゃったみたいだからごめんね。」

と、辛いのを我慢していつもの笑顔で彼女は早退して行きました。

じつはインフルエンザで、こじらせて脳症になってしまい、その後彼女は入院して寝たきりの状態になってしまいました。

それから数か月後のある晩、私はなかなか寝付けずにいました。

いつもならバタンキュウの私がです。

どうしたんだろう……、と訝しがりながらもようやくウトウトしたその時、急に砂嵐の映像に包まれました。

テレビが放送終了した時のようなザーッという音も。

もちろんテレビはついていません。

同時に、とてもとても悲しくて淋しくて、不安でどうしようもない気持ちに包まれたのです。

誰か助けて、と思うほど。

時計を見ると、夜中の3時半頃でした。

翌日出勤して、上司が売り場にやってきて開口一番、入院していた店長が亡くなったと。

その時間が3時半だったと聞いて、あの時だったとわかりました。

最後に挨拶に来てくれて、ありがとう。

何もしてあげられなくてごめんなさい。

まだ28歳。あまりに若い。

私は、生きていることのありがたさと命のはかなさを、初めて彼女に教えてもらったのです。

怪 その九十三 廊下の鬼

これは私が幼稚園児の頃、祖父母の家に泊まりに行った日のことです。

祖母はキッチンで夕食を作り、祖父は出掛けており不在でした。

外はすでに暗いため公園へは行けず、私はひとりで部屋で遊んでいましたが、そろそろ祖父が帰ってくるだろうと思いリビングで待ってました。

祖父母が住んでいる家は、玄関から入るとまず廊下があり、その先の大きいガラス戸を開けるとリビングとキッチンがあります。

しばらくすると、ドア越しではありましたが廊下の方から物音がしました。

祖父が帰ってきた、そうだ、祖父を驚かそうと思い、こっそり玄関を見ようとガラス戸に顔を近づけた時です。

鬼の顔が目の前にありました。

頭から2本の角が生え、怒ったように目がつり上がり、開かれた口からは下から生える鋭い牙が見えました。

驚いた私は、とっさに後退りました。

ですが、そういえばその少し前に、幼稚園で節分の鬼の仮面を作ったのを思い出し、これは祖父がいたずらを仕掛け、まんまと私は引っかかったのだと思いました。

「おかえり！　おじいちゃ……」

笑いながらガラス戸を開け廊下を見ると、祖父はいません。

廊下の途中にある部屋に隠れたのか！　とすぐに見に行きましたが誰もいません。

そもそも廊下にあるトイレや洗面所、部屋は全て扉が閉まっているので、私を驚かせたあとに急いで隠れても足音や物音がするはずです。

リビングへ戻りキッチンに立つ祖母へ話しに行きました。

「ねえ、おじいちゃん帰ってきたよね？」

すると背を向けたまま祖母は言いました。

「帰ってきたら玄関から音がするでしょ。

まだ帰ってきてないよ」

腑に落ちなかったのですが、この場に祖父はいないので祖母の言う通りだろうと思うことにしました。

実際に祖父が玄関のドアを開けた時は私が聞いた物音とは全く違い、鍵を開ける音、風の通る音、リビングのガラス戸が震える音がしました。

あの鬼は一体なんだったのか、社会人になった今ふと思い出します。

そして、当時の私は身長が１００㎝ほどでしたが、鬼を見た時、ちょうど私の顔の高さに顔がありました。

高さを合わせてくれたのでしょうか。

怪 その九十四　わかってもらえると

これは私が中学2年生の夏休みに体験した出来事です。

夏休みの宿題の感想文を書くために、県内の美術館に友だちとふたりで行くことになりました。

美術品が好きなので、とても楽しみな気持ちで、友だちを待たせてはいけないと足早で階段を上がって、美術館の敷地に足を踏み入れたとたん。

どこか悲しげな寂しげな雰囲気が伝わって来て、一瞬「ん？」となり、ワクワクな気持ちが急に悲しみに包まれて泣きそうになり、

「これは帰った方が良いんじゃないか…でも楽しみにしていたし…」

と、直感を信じるか無視するか迷っていると、入り口の方で友だちが手を振って待っていたので、直感を無視することに決めました。

気持ちを切り替えて中に入ると、美しい絵画やいろんな美術品がズラッと並んでおり、一瞬で心を奪われてふたりで無我夢中で鑑賞し、心から満足して帰宅しました。

しばらくすると疲れが出たのか体がだるくて、この日はお風呂や夕食を早目に済ませて床につきました。

疲れてるはずなのになぜか寝付けず、ボーッと天井を眺めながら今日の出来事を思い出していると、急に眠気が襲って来て、「あっ眠れる」と瞼を閉じた時、フラフラと頭が揺れてグルグルと目眩を起こしている様な状態になり、ガチーン！　と

金縛りになってしまいました。

「え？　何？　体が動かないし、何が起こってるの⁉」

と初めての体験にパニックで焦っていると
「ズルズル……ズルズル……」

と頭の方から何かを引きずる音がして、強く気配を感じたので、恐る恐る目を開けて右側を見て、息を飲みました。

黒髪で少し長めのおかっぱ頭に白い肌、薄い花模様の着物に立派な帯を巻いて足袋を履いていて歳は同じくらいの少女が、四つん這いで、畳に爪を深く食い込ませながら、

「ギリッ……ギリリ」

と音を立てていました。

顔はうつ向いてるせいでよく見えません。

「ズルズル……」

と袖を引きずりながら自分に近づいてきます。

逃げようにも逃げられない！

声が出ないから助けも呼べないし、という時にはもう、少女の顔が上にあって、ギロリと光った目が合い、髪が肌にサラサラと触れ、その瞬間に意識を失いました。

ハッと気がついた時には朝になっていました。

すぐに、霊感が強い知り合いの人に話を聞いてもらいました。

その人が言うには、とても未練が強い悪霊化した地縛霊で、時代は大正で非業の死を遂げており、歳が近いうえにふたりで楽しそうにしている姿を見て羨ましくなったんだそうです。

私に憑いたのは、霊感があるから自分の想いをわかってもらえると思ったそうです。

その後にお祓いを済ませ、心から成仏を祈りました。

私にとって、この出来事は、18年たった今でも、忘れることの出来ない体験です。

……もし直感に従い、そのまま家に帰っていたら、あんなに怖い思いなんてしなかったかもしれない、と思っても後の祭りでした。

怪　その九十五

長い長い廊下

まだ息子が小学生だった頃は、10月31日になると毎年マンション中を使ってハロウィンを楽しんでいました。

仲良し数人でグループをつくり、参加者の家へ、お菓子をもらいに回ります。

7時からはじまり、8時にはたくさんのお菓子を手に息子が帰ってきました。

とこが、8時30分頃、一緒に回っていたお友だちのお母さんから電話がかかってきました。

「うちの子がまだ帰らない」と……。

息子に確かめると、エントランスで解散し、そのお友だちと一緒に、エレベーターにも乗ったと言います。

我が家は7階、お友だちは10階なので、息子は先に降りたそうです。

他のお母さんたちとマンション中を探しましたが、見つからず、10時頃、警察に連絡しようとした矢先、お友だちの家の玄関前でぐったりとしゃがみ込んでいたその子を発見。

話を聞くと、歩いても歩いても途切れることなく廊下が続き、エレベーターに乗ったり階段を降りたりして他の階に行っても、やはり同じく、長い廊下が続いていたそうです。

エントランスに降りることもできず、2時間ほどひたすらマンション内をさまよっていたとか……。

翌年から、ハロウィンの企画はなくなりました。

怪 その九十六 犬と夜の散歩で

忙しい職場にいた頃は、犬の散歩は深夜になることも多く、その晩は家のすぐ目の前にある公園に行きました。

公園は本来は遊水地で、水門や池があるため湿気が多く、道の設計もちょっと妙で、昼間でもあまりよい印象は受けません。

が、一応は芝生の広場で、ぐるりが桜並木の道なので訪れる人はけっこう多く、深夜にマラソンやウォーキングをする近所の人もそこそこいます。

その晩の散歩は桜並木の下の道を回っていました。

葉桜が鬱蒼と茂ったあたりに差し掛かった時、前方から歩いてくる男の人とすれ違いました。

父でした。

父は世代のわりに背が高く、猫背気味でひょこひょこと体を揺らすような歩き方をする人でした。

若い時から銀髪に近いほど白髪が多く、「ロシア人に間違えられた」と嬉しそうに自慢していた髪のシルエットもそのままだったような気がします。

ただ、すれ違った顔は、デッサンの鉛筆で斜線を重ねて塗りつぶしたように黒くて、容貌は判別できませんでした。

照明設備に乏しい公園で暗いとはいえ、周囲が住宅地ということもあり、真っ暗闇というほどではなかったのですが。

その頃、父はもう亡くなっていたのでさすがに驚き、犬に
「め、め、め、Mちゃん！（犬の名）
い、い、い、今の、パ、パパに似てましたね!?」
と、ひっくり返った大声で話しかけてしまいました。
犬は特に唸ったりもせず、変わらずご機嫌でしたが、怖くなった私は犬を連れてすぐ家に帰りました。

怪 その九十七 何かを見ても感じても

私が中学生の春休み。

朝方半分目が覚めかけていた時に、布団と私の間のすき間から透明な手がすうっと私の首元に伸びてきました。

夢うつつだった私は、夢に出てきた友だちの手と思い込み、その手をそっと握りました。

とたんに、ビシッと金縛りにあいました。

そこで完全に目が覚めましたが、目が覚めかけで体はまだ眠っている時に動こうとすると金縛りの様に動けないことはたまにある、と、医学的にも理由があるそうなので、怖くはなく、そのまま二度寝をしました。

次に目を開けたら、顔の真ん前に黒っぽい塊と、その真ん中あたりに目がはっきり見えました。

兄がふざけて何かの怖い本を私にかぶせているなと思いましたが、「あれ、でも塊はあったけど兄は部屋にいなかった」と気がつきました。

するとまるで私の心の動きがわかったかのように、またビシッと金縛りにあいました。

さらに今度は私の寝ている枕元でまるで正座したまま横に移動するような感じで、白い着物を着た黒い長い髪の女性が、ざざっ、ざざっと左右に動いたのがはっきりとわかりました。

顔の部分は見えているのに、どんな顔かはまったく見えないのです。

金縛りのままお祈りを必死で唱え、部屋を転がり出て、洗濯物を干していた母に話しましたが、すっかり朝だったのでまったく信用されませんでした。

しかし、後日私が修学旅行に行った時にその部屋で眠った母は、足元に座り込むお婆さんを見たそうです。

その後そこは引っ越したのですが、不思議なことに毎晩うんうん唸りながら眠っていた祖父が引っ越し先ではまったく唸らず、静かに眠るようになりました。

祖父は明治の男だったので、毎晩何かを見たり感じたりしても、何も言わなかったのかもしれないね、と家族で話したものです。

怪 その九十八 ドアの前のシミ

私が学生時代、ひとり暮らしをしていたときの話です。

当時、私が住んでいたマンションの部屋は4階の角部屋で、エレベーターを利用して上がるとドアを出てすぐ部屋の前に来ることができる場所でした。

ある日、深夜のバイトを終え、いつものようにマンションのエレベーターで自分の部屋に帰ると、鍵がうまく入りません。

しばらくガチャガチャと鍵穴と格闘していると、ふと、ドアの前の足元に、見慣れないシミがあるのが目に入りました。

どうやら、別階にエレベーターが止まって、私はそれに気づかず他人の部屋に入ろうとしていたのです。

そそくさとまたエレベーターに乗り込み、自分の部屋に帰りました。

数日後、やはり深夜帰宅して、エレベーターから降りると、またもやドアの前のシミが目に入りました。

数日前と同じ状況です。

私は、大家にエレベーターの調子が悪い旨を伝えて、調べてもらうことにしました。

数日後、帰宅すると、マンションの周りに人だかりが出来ていて、前にはパトカーが止まっていました。

青い顔をした大家に話を聞くと、エレベーターの故障を調べたところ特に機械上問題はなかったので、その階の住人たちに様子を聞くことにしたそうです。

何度か例の角部屋も訪問したところ、いずれも応答なし、家賃の滞納もあり、気になった大家は合い鍵で部屋に入り、変わり果てた住人を発見したということでした。

話を聞いた私は、急に例のシミが思いだされ、寒気がとまりませんでした。

怪 その九十九 庭を歩き回る

本屋の店員だった当時。

不規則な勤務時間で、深夜12時近くに帰宅することもよくありました。

眠気と疲労と闘いながら車を運転し、この日も深夜の帰宅でした。

遅い食事を済ませ、お風呂に入り、2階の自室の布団に入ったのが深夜2時くらいだったと思います。

うとうとし始めた頃、不意に、階下のガラス戸がカラカラと開く音が聞こえ、続いて、ザッ、ザッ、とサンダルで歩き出す音が響きました。

自室の真下は祖父の部屋でした。

（……？　こんな時間になんだろう。

おじいちゃん、眠れないのかな。）

時々、夜に祖父はタバコを吸うために外へ出て、庭をぐるりと歩いて回ることがあったので、その物音かと思いました。

私はうとうとしながらも、ザッ、ザッ、と歩く音が庭を一周し、その後またガラス戸がカラカラという音を、寝ぼけた頭で、おぼろながらに耳で追っていました。

（やっぱり、おじいちゃんか……。）

疲れていたせいもあり、そのままその日は眠ってしまいました。

翌日。

起床し、顔を洗っている最中に唐突に昨夜の出来事を思い出し、私は変な汗が出るのを感じました。

（そうだ。

おじいちゃん、もう死んでるじゃん。）

なぜ、昨日はそう考え付かなかったのか心底不思議ですが、祖父はもう亡くなって2年になります。

よくよく考えれば、実家は確かに古い小さな家ですが、寝室にいながら、庭を一周する足音が鮮明に聞こえるのもおかしな話でした。

そんなことが何日か続きました。

こわいとか、嫌な感じがすることもそんなにありませんでした。

ただ、音がするだけです。

仕事が休みの日に、やっと両親に相談しましたが、特に何も聞こえないとのことでした。

家族で話し合い、皆で休みを取り、お墓参りに行くことになりました。

お墓が荒れてるとか、そんなこともなく、軽く掃除をしてお花をあげ、帰宅しました。

不思議なことに、その日から何も音がしなくなったのです。

寂しがった祖父が意思表示のために、現れたのでしょうか。

怪 その百

かわいがってくれたおじさん

それは私が小学5年生頃のことだったと思います。

その頃我が家では小さな運送業を営んでいまして、何人かの従業員もいました。

その中のひとりのおじさんが、ずいぶんとわたしたち子どもをかわいがってくれていたので、かなり懐いていていました。

どんなに遅くなっても、配達が終わったら電話で済ませずに我が家に寄って報告をして帰るという律儀な人でもありました。

ある日そのおじさんがかなり遠くまで配達に行ったきり、消息が不明になりました。

それでも夜中に目が覚めるとトラックがやってきて、家の前で止まる音やライトの光を部屋の窓越しに感じたので、「帰ってきたんだな」と思っていました。

朝、まだ見つからない、と両親は心配していたので、なんで嘘つくんだろう？

と不思議に思っていました。

ところが何日か経って、家に私服の警察官が何人かやってきました。

その物々しさに凍りついていると、母が悲しそうに、「おじさんが見つかった」と教えてくれました。

じつは、積荷を狙われて、殺されたと。

その時私は、事情が飲み込めませんでした。

その夜、両親は出かけて行きました。

きっと事件のことで、大変だったと思います。

私は兄と妹と留守番をしながら夕飯を済ませた後、身を寄せ合ってテレビを観ていました。

そのうちウトウトしてきた私は、ソファに横になりました。

すると、リビングのドアがバーンと音を立てて開きました。

そのとたん、金縛りになってしまい、声も出なくなりました。

兄妹たちも驚いていましたが金縛りは私だけだったようで、兄は玄関が開いてるかもと言って見に行きました。

しかし、どこも開いていない、といって戻ってきました。

が、兄と一緒に、白いごつい右手首が宙に浮きながら入ってくるではありませんか。

そして順番に、兄妹たちの頭をなでて、もちろん私の頭もしっかりガシガシなでて、戻っていきました。

みんなでられた後、頭を掻いていましたが、ほとんど何も感じなかったようです。

手が消えていくと同時に私の金縛りもとけました。

不思議と恐怖は感じず、「おじさん来た……」としか思いませんでした。

だって、生前おじさんがなでてくれた時と同じだったんです。

そのことを兄妹に言おうと思いましたが勝手に開いたドアにすでに怯えていたので、黙っていることにしました。

後日、おじさんの葬儀が終わり、少し経って犯人も捕まった後、母に夜中のトラックの話や手首の話をすると、「気づいていたんだね」と言われました。

母も同じような体験をしていたそうです。

あれから何十年も経ちますが、成仏してて欲しいなぁ、と時々思い出します。

怪 その百一

テレビのうしろ

リビングで、朝ごはんを食べていた時の話です。

私の左側に座って、いつも通り食パンを食べていた息子（4歳）が、突然、

「テレビのうしろに、男の人がおるでぇ」

と言い出しました。

えっ、と思って私はテレビの方へ目をやりましたが、いつも流しているニュースが放送されていました。

たまに言葉足らずな時がある年齢の子の発言なので、映像の中の人のことを言っているのかな？　と思って「誰かいたの？」と聞き返すと、

「テレビのうしろにね、男の人がおったで。

さっき窓の方に出て行ったけど。

泥棒じゃないで」

と、ハッキリと答えました。

「テレビのうしろ？

テレビの中の人じゃなくて？」

「うしろ。うしろのとこ」

ウチのテレビと壁の間は20センチも無いぐらいで、人が入れるスペースなんて有りません。

そして、テレビの向こうにある窓は閉めたままで、開いた気配も形跡もありません。

おかしいな、と思いましたが、本人がこわがる様子もなく……。

朝の慌ただしい時間であったこともあり、息子は平気そうでしたが私は何だか変な感じがして、それ以上は聞けませんでした。

私も特に小学生くらいまでは何かと経験があったので、小さい頃は見えたりするものなのかな、と思っています。

ただの通りすがりであることを願うばかりです。

怪 その百二

旧道を通った

今から10年ほど前、私が中学生の時に父が単身赴任で静岡に移り住みました。

父は家族が恋しかったんだろうと思います。

ほぼ毎週末に私たちの住む茨城に帰ってきていました。

ある土曜日の早朝、一台の車が、家の駐車場に入ってくる音が聞こえました。

父だとすぐにわかったのですが、いっこうに玄関のドアを開ける音が聞こえません。

なんだか気になり、2階の寝室から駐車場を見下ろすと、たしかにそれは父の車でした。

そして父もそこに立っていました。

だけど家に入る様子はなく、車をじっと見ていました。

何かおかしい、その違和感を母も感じたのだと思います。

少しすると母が玄関から出てきて、父の元へと歩いていきました。

その様子を2階の窓からじっと眺めていると、父と母が口論をはじめました。

なぜか気になり、私も外に出ていくことにしました。

まだ薄暗い中で駐車場につくと、父と母は黙って車の脇に立っていました。

エンジンをかけっぱなしの車、父は手に薄汚れた布を持ち、母は黙ったまま車を見ていました。

何も聞けないような沈黙の中、父が突然
「旧道を通った……」

と呟きました。

そして母は、車を見つめたまま、

「そう……」

とだけ返しました。

父がため息をつきながら、手に持っていた布で、車のリアガラスを拭き始めました。

そこで私はこの沈黙の意味を理解しました。

そのガラスにはびっしりと白い手形がついていたのです。

静岡と茨城を結ぶ下道の中にいくつか山間部の旧道があります。

父が単身赴任をする際、母は、ある旧道は通るなと、父に忠告していました。

ただその日父はその道を通ってしまったらしく、母がそれに気づき、父にどの道を通ったのかと聞いて口論になったそうです。

拭いてもいっこうに消えないその手の跡を見て、母が低い声で言いました。

「あんた、車の中から拭いてみ」

今でもその時に感じた寒気を、覚えています。

怪 その百二　我家は通り道

我家は何かの通り道じゃないか？　と思っています。

いろいろありましたが、昨年亡くなった室内犬は、誰もいない方に向かって、短く吠える事が何度かありました。

我家は平屋で、半分に台所、居間、両親の寝室があり、半分は玄関から廊下の先に私の部屋、その横に座敷があります。
9月の夜、また、犬が短く、誰もいない廊下の方に吠え出しました。
私が見に行きました。

犬もついてきました。

いつもなら、玄関を開けて、「ほら、誰もおらんよ」と犬に見せるのですが、その夜だけ玄関を開けることが出来ませんでした。

なぜか、「開けたらやばいやつや」と直感が働き、ただ、犬と玄関を見つめていました。

磨りガラスなので人がいたらわかるのですが、何もありません。

しばらくして、気配がなくなりました。

怪 その百四 憑依されやすい妻

12～13年前の話です。

家内は憑依されやすい体質（？）のようで、これまでも法事などの際に、自分の意思とは関係なくご先祖様らしき人に憑依されることがありました。

その家内の祖父が亡くなり、初七日の日の出来事です。

親戚が集まりお経をあげ終えた時に、妻が心の中で
「三途の川を渡ってしまう前に、何か言いたいことがあれば自分の体を貸してあげる……」

と思った瞬間、祖父がどすん！　と入ってきたそうです。

そして、その場にいた親戚にひとりひとりメッセージを伝え、最後に周囲を見回し、

「あれ？　Nちゃん（家内）……

Nちゃんは？……」

と家内の姿を探し、

「今、入ってるじゃないの！」

と祖母からつっこまれ、

「Nちゃん……ありがとうね……しんどいのにごめんね。

じゃあもう行くから……」

と言い残し、去って行かれました。

しっかり挨拶をして、お別れができるなんて、なかなかないですよね。

家内いわく、憑依されている間は、ものすごく吐き気がするそうです。

怪 その百五

夜のガードレール

去年のちょうど今頃の話です。

そのころ僕は夜中に散歩するのが日課になっていて、その日も0時位から歩きはじめました。

田舎町でちょっと歩けばすぐに田んぼや畑が広がり、外灯もないので、空にはたくさんの星がくっきりと見えて、それらを楽しみながら歩いていました。

適当にグルグルと2時間ぐらい歩いたところで、疲れてきたので帰ろうと、川沿いの道を空を眺めながら歩ていました。

川沿いを200メートルくらい歩いたところで突然、

「ガンガンガンガンガンガンガンガンガン
ガンガンガンガンガンガンガンガンガン」

僕の真横のガードレールを、金属バットで思いっきり叩き付けるような音が鳴りだしたのです。

横を見ることもできず、足はガクガク震えているため走ることもできません。必死でその場から離れようと歩きますが、その音はずっとついて来るのです。ガードレールが途切れたところで音はようやく止み、僕は急いで家に帰りました。

翌日両親や友人に話したのですが、「誰かのいたずらじゃないの？」と聞く耳を持ってくれませんでした。

しかしガードレールと川の間には大人の背丈以上の雑草が生い茂っており、人がその中に入ってバットのような物を振り回しながら、追いかけてくることはできません。

またその逆側は田んぼが広がっているため、人がいないということは容易に確認できたのです。

数日後、昼間に、そのガードレールを確認しに行ったところ傷ひとつない状態でした。

いまだにその川沿いを歩く気にはなれませんし、まったく違う場所でもガードレールがあると、また突然鳴りだすんじゃないか、と思ってしまいます。

怪 その百六

落ちる夢と上がる手

高校生の頃、落ちる夢ばかり見ていた時期がありました。

特に大学受験や試験を気にしていたわけでもなく、なぜそんな夢を見るのか不思議でしたが、それほど気にも留めませんでした。

その夜もどこかから落ちる夢を見て目が覚めると、いつもの自分のベッドの上でした。

ほっとして、夢で良かった、と思った途端、ベッドの底が抜けてまたどこかへ落ちていきました。

怖くてまた目が覚めました。

今度もまた、自分のベッドの上でした。

ただ最初の夢と違い、ベッドの上に半身を起していました。

ああ、怖かった、今度こそ目が覚めた、と思いました。

すると、布団の上に置いてあった右手が、すーっと上に持ち上がりました。
自分では動かしたつもりはなく、びっくりして声も出ません。
手は肘を曲げたまま、軽く手を上げたような状態で止まっていました。
怖さはなく、ふと、自分はまた夢を見ているのかな？　と思いました。
次の瞬間、手はパタンと布団の上に落ちました。
なんだったのだろうと手をよく見ましたが、どこも何ともありません。
その夜はそのまま布団をかぶって眠りました。
翌日家族にその話をしてもまったく信じてもらえません。
夢ではなかった。でも何が何だかわからない。
落ちる夢はそれきり見なくなりました。

怪　その百七　想いあう家族

実家を改築する間、借家に引っ越しした時の話です。

大学1年生で父を病気で亡くし、「私が早く働いて、母を支えなくては!!」と、働いてお金を稼ぎ、自分が母を養っていくと覚悟を決めるための実家改築でした。

「お父さんは、こんな私をどう思うかな」

そう思いながら、借家にたくさんの段ボール箱を入れ終わった頃、母が玄関先で
「そろそろ昼ご飯でも食べようか」

と言いました。

「でも、疲れたからお弁当か何か買ってこようかな」

と母が続けた、その時。

ひょこっと、母の背中越しに、父が立っていました。

疲れた、と言った母を労るような眼差しでした。

不思議と恐怖感が湧かず、（あ、お父さんだ……）と思った時。

ふっと消えて。

同時に母が、「じゃあ、お弁当3つ買ってくるね」。

それは父が亡くなって9年目、私と母は、ふたり家族。

母を気遣う父と、無意識に父を感じる、母。

いつまでもお互いを想うふたりに、あたたかい気持ちになりました。

父を見たことは、母には言えていません。

言ったら、きっと泣いてしまうから。

これは、霊感の無い私が、唯一、父の霊に会えた、秘密の思い出。

きっと、無事に改築が終わった家に住む私たちを、今も変わらず見守ってくれてると思います。

怪その百八　約束を守ってくれた

11年前、私が理学療法士として地方の病院に勤務していた時の体験です。

当時、リハビリを担当させていただいていたのは、患者さまのHさん。

Hさんとは、私が新米の理学療法士として働き始めた頃からのお付き合いで、冗談も言い合えるような関係でした。

Hさんは骨折で入院していたのですが、松葉杖を使ってなんとか歩けるようになった頃に、事情があって別の病院に転院することになったのです。

「治るまで転院したくないんだけど…仕方ないよね」

と言うHさんを、

「杖なしで歩けるようになったら、歩いてるところを見せにきてくださいね。

約束ですよ！」

と送り出しました。

その1か月ほど後のこと、自宅で寝ていると、ベッドの周りを誰かがぐるぐると歩き回るのです。

ちょっとすり足で歩く、特徴的な足音が延々と続きます。

ひとり暮らしだし、玄関も窓も施錠しているのにおかしい！

時々足音が止まって、顔を覗き込まれているような感じもあり、私はこわくて目を開けられず、必死で寝たふりをしていました。

でもこの足音、なんだか聞き覚えがあるなぁ……、そんなことを考えているうちに、足音は消えてしまいました。

その後、結局寝つけずに寝不足のまま出勤して、同僚に「こんなことがあって寝

不足なの……」と愚痴った数日後、看護師さんから、

「Hさん、転院先で急変して亡くなったのよ」

と聞かされ、ようやく
「あ！　あの歩き方はHさんのだ!!」と気づいた私。

転院するときにした「歩けるようになったら見せにきて」という約束を守ってくれたのだなぁと嬉しかったけれど、あの時、目を開けていたらどうなっていただろう……と少し背筋がひんやりした出来事でした。

怪 その百九　掛け軸の壁の向こう

友だちと伊豆へ行った時のことです。

旅館で温泉に入ってご馳走を食べて布団でガールズトークを続けていると、どこからか壁を叩くが聞こえます。

コンコン、コンコン……コン……

小さな音ですが、不規則に長く続いていました。

友人に
「聞こえるよね？」

と確認すると、友人も
「うん……音がしてるよね」

どうやら頭の上にある、床の間の掛け軸の方からしているようでした。

「掛け軸の裏からしてない？」

「そうだと思う」

2人とも黙り込みました。

私たちの部屋は3階、廊下の端で角部屋。

床の間の裏に隣室は無いのです。

「どうする？」

と友人が言いましたが、疲れていた私は
「寝るか。寝ちゃえば聞こえないよ」

若さゆえの寝付きの良さで、怪奇現象を無視しました。

翌朝、2人で散歩に出て、「私たちの部屋はあそこだよね」と旅館を見上げながら角を曲がって息をのみました。

掛け軸の壁の向こう、道を挟んだ隣接地にはブルーシートも生々しい真っ黒な焼け跡が建っていました。

入居者のお年寄りが何人も亡くなる火災のあった、老人ホームの跡地だったのです。

怪 その百十　あの世はあるんだ

今から30年近く昔のことになります。

当時、私は20代で、新宿区の設計会社に勤めて図面を書いていました。

小さな会社で、社長はじめ従業員は8名程度。

「調査図面」というものを作り、補修もする会社でした。

わたしは男性社員が出先で撮った写真をもとに、図面にその撮影場所を書き入れる仕事をしていました。

ある時、その日の撮影写真を記入していたら、「ここは、今は使われていない病院の手術室ではないかな？」というものがありました。

何枚かあったので、少し気味が悪いと思いつつ、特に考えることもなく仕事を終えて帰宅し、主人と普段通りにすごして就寝しました。

後から時計を見たので、夜中の3時頃だと思います。

いきなり「バリバリ」と大音響がしたあとで（音は頭の中だけで脳に直接という感覚はありました）急に「ザワザワ……」と、まるで病院の中のようなざわめきが耳に飛び込んで来ました。

金縛りにあって、叫びたくても間抜けなことに「あわわ」としか声がでなくて。

「この音の聞こえている場所は、昼間の写真の病院ではないか」と直感しました。

そして子どもの、かなり小さい、赤ちゃんかもしれない子どもの笑い声が聞こえました。

まるで「遊んでよ」というような笑い声で、「この子はこの部屋で命を失ったけど、遊びたいんだ」と感じました。

その時は恐怖でいっぱいでしたが、

「あの世はあるんだ。

空間が違うだけで、同じ場所に存在している」

と、理由もなく理解したのです。

その後、必死で起きて、まず電気をつけ、主人に理由を話して、おそらくしばらくは起きていたと思います。

怪　その百十一　こわがりの弟なのに

これは、数年前の夏の夜のお話です。

その日は家族4人で母方の実家へ遊びにいっていました。

夜、11時半過ぎだったと思います。

4人で車に乗り、実家から我が家へ帰る途中でした。

運転席は父、助手席には弟、後部座席に私と母が座っていました。

山間のトンネルを抜け、ゆるやかにカーブする下り坂に差し掛かった瞬間。

助手席の弟が叫びました。

「ちょっと!!　なんで!!」

突然の大声に驚いた私たちは、一瞬の静寂の後、

「な、なに？　どうしたの」

と、弟を凝視しました。

「今、小学生が飛び出してきたじゃないか！

なんで止まらないんだ！」

弟は信じられない、と言った顔で運転していた父に訴えましたが、父はそんなものの見ていない、と一言。

「いや、飛び出してきたじゃないか。

対向車線からこっちの車線に……」

詳しく聞くと、弟が見たものとは、対向車線側からこちらの車線へ走って横断しようとする、ランドセルを背負った子どもだったそうです。

ぶつかりそうになった瞬間に、叫んだと。

運転していた父を含め、私たちも何かにぶつかったような衝撃は一切感じませんでした。

「……この夜中、11時半に、こんな民家もない山道を渡る小学生がいる？

しかも、ランドセルを背負って……」

と母がいうと、弟もそのものの異様さをやっと認識したかのように、青い顔で黙り込んでしまいました。

その後、私たちは何事もなく無事に家につき、車も確認しましたが、傷ひとつついていませんでした。

普段、弟はこわがりで心霊番組やホラー映画なども一切見ません。

けれど、私たち家族の中で唯一、そういったものを見てしまう体質のようです。

反面、私はホラー大好きなので、ある意味うらやましいと思う事もあります。

けれど、やはり見えないことは幸せなのかもしれませんね。

あの時助手席で、弟はぽつりと言っていました。

「そうか……そうだよな……夜中にランドセル背負って、はだしで……

そんなものいるわけ、ない……」

怪 その百十二 その人じゃないよ

以前に勤めていた職場の同僚（年配の男性）から聞いた話です。
その方の親類に、重い病気の方がいて、周りから
「あなたも今のうちに見舞いに行っておかないと」
などと言われていたため、ひとりで病院へ見舞いに行ったそうです。
いざ、親類に会ってみたところ
「俺にもとうとう迎えが来ちゃったよう」
と言い、落ち込んでいたそうです。
その方に理由を聞いたところ、ある時、病室に、一列になった小学生くらいの男の子3人組が、ベッドまで来て、一番先頭の子どもが
「おじさん、迎えに来たよ」
と言ったとのこと。

言われた本人が何が何だか判らずにそのままにしていると、今度は一番うしろの子どもが
「ちがうよ、その人じゃないよ」。

言ったかと思うと、他へ移動していったそうです。

弱って入院している最中に、そんなのに遭遇したら、誰でも落ち込むことでしょうね。

ちなみにその方は退院されて、元気でいるとのことです。

怪 その百十三　川音を聞きながら

3年前のちょうど今頃のことです。

娘の高校の初めての三者面談に向かうため、ふたりで最寄駅の改札を出ようとしていました。

娘の高校は、駅を出て、大きな川にかかる橋を渡り、しばらく長い山道を登った

ところにあります。

娘は、ママ、あの山道登れる？　と笑いながら聞いてきました。

私は、毎日あれを登ってえらいね、でも川のせせらぎを聞きながらだから、風情があっていいね、と答えました。

すると娘が、あの川で何年か前、溺れた生徒がいるんだって、うちの学校の。と話しはじめたところで、自動改札を出るため会話が途切れました。

駅を出る階段を降りながら、私は、最近の話？　男の子？　と聞きました。

その途端、左足首をぐん！　と後ろから掴まれる感じがありました。

あ、溺れた子は亡くなったのだな、と直感しました。

前を歩いていた娘が振り返って返事をしようとしたのを、ちがう話しようか、と制しました。

察しのいい娘は、すぐにちがう話を始めてくれました。

帰宅してから足首を見ると、指の形がはっきりとした赤紫色の手型がついていました。

娘によると、数年前、高校生の男の子が川で水遊びをしていて、川のカーブの内側の思いがけない深さと水の流れの速さに抗いきれず、命を落としたそうです。

さあ、夏休みだ！　という雰囲気をまとった私たち母娘が、軽い気持ちで話題にするべきではなかったのだと思います。

打ち身のアザとは違って、その手型は2日ほどできれいに消えてしまいました。

怪　その百十四　歩き回る気配

これは、私が中学生の時に住んでいた家での出来事です。

私はもともと見えやすい体質だったのですが、その中でも一番怖かった出来事です。

私は妹と同じ2階の部屋で、2段ベッドの下で寝ることにしていました。

そろそろ寝ようと思い、部屋の電気を消して布団に入りました。

それからしばらくすると、急に何かが、階段をゆっくりと上ってくる気配を感じました。

はじめは、まあ時々あることだしと気にしないようにしました。

しかし、階段を上りきった気配がいったんピタリと止まると、今度はヒタヒタと足音になって私たちが寝ている部屋に向かって廊下を歩いてきたのです。

これは絶対に起きてることを知られてはいけないと思い、目を瞑ってやり過ごすことに決めました。

そしてついに、足音が部屋に入ってくると、グルグルと部屋を歩き回り、またピタッと足を止めたかと思ったら、私たちの寝ている2段ベッドに向かって、ゆっくりヒタ、ヒタ、と歩いてきました。

そして私の寝ている前まで来て足を止め、何をする訳でもなくそこに気配があり続けました。

それからしばらくすると、足音が部屋の壁の方に向かって歩きだし、音が遠のいて消えると同時に、部屋に立ち込めていた重い空気がフッと軽くなりました。

この出来事は、1週間程毎日、決まって私たちが寝る時に起こりました。

はじめは何も感じていなかったら妹でさえ、3日目くらいから音を聞くようになりました。

今は別の家に引っ越しましたが、あの時、目を開けたら何がいたんだろうと思い出すたびにゾワっとする出来事です。

怪 その百十五 若い将校さん

こわいというよりは物悲しい体験をした、僧侶である父から聞いた話を投稿します。

ある陸軍墓地があります。

看板もなく、地元の人でも、そこが陸軍墓地で、西南戦争以降、第二次世界大戦に至るまでの多くの戦死者の霊が祀られている墓地であることを知る人は少ない、ひっそりとした墓地です。

父の所属するお寺では、毎月一回、その墓地の清掃およびお坊さんによるご回向をボランティアで行っています。

その日も、信者さんたちとの墓地清掃を終え、回向堂で父がご回向を始めたところ、父の斜め横あたりに誰かが立っている気配がしました。

最初は信者さんの誰かだろうと気にも留めずにご回向をしていたのですが、目の端に気配を感じる程度であるのに、その人が若い男性であること、教科書に出てくるような旧日本軍の兵隊さんのような制服を着ていることがわかりました。

こわい感じはまったくせず、その人からはとても物悲しいような雰囲気が伝わってきました。

父がその方向を振り向いてもやはり誰も立っていなかったのですが、気になって、毎回墓地清掃に参加している信者さんに聞いたところ、若い将校さんと思われるような兵隊さんで、決してこわがらせるような様子はなく、悲しそうに回向堂に立っている様子をこれまで多くの人が目撃している、とのことでした。

父は、自分の息子ほどの年齢の若い兵隊さんが遠方で悲しい最期を遂げて亡くなり、このひっそりとした陸軍墓地に祀られたものの、いまだに成仏できずにいるのではないかと思うと自然と涙が出てきて、その兵隊さんだけでなく、これまでの戦争で亡くなったすべての人のご回向をもう一度最初からじっくりと時間をかけ、思いを込めてやり直したそうです。

後日、その信者さんが、「あの日のご回向以来、若い将校さんをみかけることがなくなりました。やっと成仏できたんでしょうね」と話していたそうです。

怪 その百十六 はっきり聞こえた

当時私は小学3年生でした。

今でも鮮明に覚えています。

その日は家の畳の上で「ひまー」と言いながら、ゴロゴロとひとりで転がっていました。

外からは子どもたちの遊ぶ声が聞こえ、家の中に綺麗な夕日の光が差し込んで、隣の台所で母が夕飯をトントンと音を立てて作っていました。

ヒマヒマ言っていると、急に耳元で
「どうしたの?」

と女の子の声がしました。

絶対に子ども、しかも女の子。

外からじゃない。

はっきりと耳元で聞こえました。

でも、家の中には母と私しかいません。

母に聞いても「何も言ってないよ」と言われました。

それから、家にいると1～2週間おきくらいに女の子の声ではっきりと
「どうしたの？」

「遊ぼうよ」

と何度も聞こえるようになりました。

ある朝、ベッドの上で背伸びをしていると、はっきりと
「バイバイ」

と聞こえました。

私の隣では中学生の姉が着替えをしていました。

今まで近くに人がいるときは声が聞こえることはなかったのですが、さすがにこ

れなら姉も聞こえたはずと思って聞いてみましたが、何も聞こえなかったと言われました。

私は殺されるという意味なのでは？　と思い、不安でしたが何事もありませんでした。

そして、その日から声は聞こえなくなりました。

私は20歳になるまでこの話を誰にもしませんでした。

子どもながらにこわすぎて、家族にも言えませんでした。

でも、フッと思い出して話したのです。

私は声でしたが、兄は2～3歳くらいの頃に何もない天井の方を指差して「あそこにいる。ほら、動いた」と言っていたそうです。

怪 その百十七　そんなことあった？

母が同窓会に行った時に、友だちのご主人がガンになった話を聞きました。

それから数か月経ち、その友だちのことがずっと気になっていたので、連絡してみようと思って電話をかけました。

「その後、ご主人の具合はどうですか？」

「それが亡くなったのよ」

「えっ！　いつ？」

「今」

母は驚きすぎて、挨拶もそこそこに電話を切ったそうです。

そんなびっくりしたことがあったのよ、と母は自分の姉に電話をしました。

すると姉から
「あんた、もっとびっくりしたことがあったじゃない、忘れちゃったの？」

と言われ、姉から若かった頃に起きた話をされました。

母が家族旅行に出かけた時のことです。

家族で部屋でくつろいでいる時、母が、職場の人が部屋にいると騒いだそうです。

部屋に鍵もかかっているし、職場の人が旅行先に来て部屋にいるわけないでしょう、落ち着きなさいと家族に言われてたそうです。

旅行から戻り、母が出勤すると、旅行先の部屋で見た人は、その日に亡くなっていたそうです。

母に最後に会いに来たのかと、姉は、それは怖かったと言っていました。

普通そういうことがあれば忘れられないと思うのですが、母はそんなことあったっけ？　くらいで、普通に生活しています。

そういう人の方が不思議なことが起こるのでしょうか。

怪 その百十八　おじいちゃんありがとう

約4年前、父方の祖父が他界した年の冬の出来事です。

私の両祖父母は、小さい頃から私を可愛がってくれ、忙しい両親に代わって毎日私の世話をしてくれていました。

特に父方の祖父母の家にいることが多かった私は、自然とおじいちゃん子になっていました。

私の人生の節目をいつもお祝いしてくれて、特に結婚の時にはとても喜んでくれ、不自由な身体ながら他県での結婚式にも参加してくれました。

うまくいっていた結婚生活でしたが、大事に思っていた夫との関係が悪化して心身ともに疲れ果てていた時、その秋に大好きな祖父も亡くなりました。

私は、あまりの辛さに仏壇の前で

「おじいちゃん、私も連れて行って欲しい」

と不謹慎にも頼みましたが、何の答えもありませんでした。

お通夜やお葬式がすすむなかで、親戚が大集合して話しているうちに私の心も少し癒されていったように思います。

私の家族がそれはそれはみんな優しくて、お互いに思いやりのある一族だということに気づいたからです。

私は、恥ずかしながら自分の家族のことを「田舎のイケてない人たちだなあ（家族のみんなごめんなさい）」と心のどこかで思っていたとも気づきました。

自分もみんなも大切にしたいと強く心に決め、葬儀の後、今はひとりになった京都の自宅に帰りました。

ひとりになると、寂しさや辛さが込み上げてきて、なんとも言えない日々が続きました。

それに耐えていたある日のことでした。

冬の京都の寒さはかなりのものです。

マンションに住んでいたとはいえ、寒いなあと思いながらある日布団に入りました。

寝る時に乾燥するのが苦手で、いつも暖房は切っていたのですが、次の日の朝、暖かさで目を覚ますとエアコンがついていました。

タイマーをかけた？　と思って気にとめていなかったのですが、出かけて帰るとついています。

調べてみても本体が壊れているのではなさそうで、リモコンを違う部屋にしまっても、それは何日も続きました。

また、開けっ放しのトースターのドアが隣で閉まったり、外出時に音楽が聴きたいなとイヤホンをつけた途端に聴きたい音楽が再生されたりなどなど、不思議なことが続きました。

でもとにかく、優しいんです、してくれることが。

そこで初めて、あれ？　おじいちゃんかなと感じました。

おじいちゃん京都までよく来れたなあと思いつつ、亡くなってまで私のことを心配してくれていることに、うれしさと申し訳なさもあって、

「おじいちゃん、もう寒くないよ。

春になるしな。ありがとう」

と声をかけて眠りました。

次の日、もうエアコンはついていませんでした。

私はその春、新しい思いで新しい土地で新生活を始めました。

おじいちゃんからあふれる愛を注いでもらっていたこと、それは他の家族も同様なことを実感し、今では新しい家族とともにたのしい日々を送っています。

ちなみに、私は祖父が亡くなった秋以降、それまで以上に何かを感じるようになりました。

まもなく私の実家の地域ではお盆ですが、お盆に向けてあれが食べたいなどのリクエストを夢などで祖父から伝えてもらっています。

おじいちゃん、いつもありがとう。

怪 その百十九 今その話は……

子どもふたりがまだ小学生の低学年だったころ、10年以上前の夏の夜のことです。

主人が残業で遅く、私と息子、娘の3人で寝室で寝る準備をしていました。

子どもたちがこわい話をしてくれとせがむので、前にみたこわい映画の一場面を話し、オチの部分を話そうと
「そうしたらね……」

と言った途端、バシッと電気のブレーカーが落ち、真っ暗に……

それまでブレーカーが落ちたことはなかったのですが、不思議とこわいと思わず、冷静にブレーカーを上げに行きました。

寝室に戻ると、子どもたちもこわくなかったようで、また続きを聞きたがりました。

再びオチにさしかかり、

「そうしたらね……」

バシッ！

またもやブレーカーが……

どうしたのかな？　とまた上げに行き、戻るとまた続きをせがまれましたので、
三度目の
「そうしたらね……」

……バシッ！

さすがに、

「これはきっとご先祖様が、『今その話をするのは良くない』って言ってるんじゃない？（笑）」

と、続きを話すのはやめました。

不思議だねー、と3人で話しましたが、まったくこわくなかったということのほうが、今になるととても不思議です。

その後、ブレーカーが落ちたことは一度もありません。

怪 その百二十

最後に見た映像

弟が、車の事故で亡くなりました。

相手があり、お互い亡くなる、悲しい事故でした。

ブレーキ痕などでわかる範囲ですが、弟はかなりスピードを出していたようで、周りからは、声に出しては言わないけれど、スピード違反をした弟が悪い、という気持ちが伝わってきていました。

事故からしばらくたって、実況見分が終わったので、事故車を取りに来てくれと警察から連絡がありました。

母は行きたくないというので、私と父が仕事を抜け出し、警察署に向かいました。

父より早く着いたので、駐車場で一服しようとタバコに火をつけてボンヤリしていたところ。

突然左側からシルバーのセダンが、ものすごいスピードで私の車に突っ込んできました。

ビックリして、体が硬直しました。

でもそこは警察署の駐車場。

車なんて突っ込んでくるわけもなく、何が起こったのかまったくわからず、呆然としているところに父がやってきました。

頭が混乱したまま、車の保管場所まで警官とともに歩いて行きました。

角を曲がった瞬間、息が止まりました。

先程、私に突っ込んできたシルバーのセダンが、目の前に停まっていたのです。

聞けば、相手方の事故車とのこと。

相手の車種や色はまったく聞いていなかっただけに、驚きました。

その時に、やっと分かりました。

さっき見えたものは、弟が最後に見た映像だったということ。

10年以上前なので、ドライブレコーダーもありません。

目撃者のいない夜中の事故。

事故のことを証明してくれる人は、誰もいません。

弟が、スピードを出していたことは確か。

弟だけが悪いと、皆が思っています。

でも、私だけは、知ることができました。

弟だけが悪いんじゃないこと。

相手もかなりの勢いで、弟の車に突っ込んできたこと。

それを、弟自身がとても驚いたこと。

最後に残った弟のビジョンを、私は、一生忘れません。

怪 その百二十一

お墓に連れて行って

これは今年21歳になる次男が、やっと歩きはじめた頃の話です。

主人の父も母も結婚する前に亡くなっていて、そのどちらかの命日に、子どもたちと一緒にお墓参りに行きました。

まだ歩きはじめたばかりの次男は、抱っこして連れて行った記憶があります。

それから何日か経ったある日のこと。

家の中で遊んでいたはずの、次男の姿が見えません。

家中を探し、庭や物置、車庫も探しましたが、どこにもいません。

ご近所の方にも協力してもらい、探したところ、墓場の方へ、小さい子を連れた誰かが通っていったよ、と教えてくれる人がありました
誰かに誘拐されたのかも？　と胸が締め付けられるような思いでお墓に行ってみると、次男はひとり、たのしそうに墓石の前に座り、笑っていました。

「〇〇！」と名前を呼ぶと、真顔に戻り、辺りをキョロキョロ見回した後、急に泣きはじめました。

主人の父も母も、主人の姉の子どもたちをたいへん可愛がっていたそうなので、だからうちの次男も、と、仏さんがお墓に抱いていって、一緒に遊んでくれていたのかもしれません。

なぜなら、墓地には20基以上のお墓があるのに、次男が座っていたのはうちのお墓の真ん前でしたし、裸足だったのに、足の裏が汚れていませんでしたから。

怪 その百二十二

普段考えないようなこと

まったく霊感のない私の、こわかった体験です。

ある朝、車で都内の仕事先に立ち寄り、雑談をしていたところ、鼻先にすっとお線香の香りがしたので、

「あれ、なんかお線香臭くない？」

と聞いたら、職員のひとりが、

「あ、私かも、昨日お盆迎えしたから」

ということだったので、すっかりそのことを忘れて、その足で、都内から千葉の友人宅に向かいました。

彼女の庭の駐車場に車を入れ、車外に出て上を見たら、彼女が手を振ってくれたので、おつかれ～、と言いながら家の中に入りました。

すると彼女が「あれ？」というので、「何？」と聞いたら、

「や、さっき車から降りた時、男が羽交締めにくっついてたから」と。先程の線香の話をしたら、「あ、それだ。逃げたんだ」と言われました。

彼女はとてもパワーが強いので、霊が逃げる、ということでした。

私はまったく見えないので、信用する根拠のないことのようですが妙に納得しました。

というのも、ひとり、彼女の家に向かう車中、私自身がとてつもなくマイナス思考に陥り、普段なら考えないような
「ちくしょう、あいつのせいだ」

「何でこんな目に遭わないといけないんだ」

「あいつが私を酷い目に遭わせてる」

とか、最後には「死んじゃおっかな」とまで思い詰めていたからです。

そして彼女に会った途端、すっかり元の自分に戻りました。

その考えのマイナスの流れが霊の考え方なのか。

と、妙な体験でした。

怪 その百二十三 なぜ私に

昔からよく、夢の中で頼まれごとをします。

今回は主人の弟の再婚式に出席した夜、初めてお会いしたお嫁さんの、おばあさんが夢に出てきて、「注意するとすぐむくれる人」、「顔の浅黒い人」、「背の高い人」に、注意するよう伝えてくださいとお願いされました。

新居には決して近寄らせるな、と。

何しろこちらは初対面ですし、こういった体験は誰に話してもなかなか信じてもらえないので、夢の中でも安請け合いできずにためらっていると、おばあさんが
「きっとあなたは伝えてくださるだろうと思うので代わりによいことを教えます。あなたのご主人が、今買おうとしている白い車を買うのをやめるようご主人に言いなさい、きっとその車は事故を起こしますから」

私は主人が近々車を買おうと思っていることは知っていましたが、白い車である

こと、車種などは知りませんでした。

起き抜けに主人に夢のことを話すとさっと顔色が変わりました。

買おうとしていた色と車種が、確かに一致していました。

おばあさんの伝言をしかとお嫁さんに伝えたところ、職場におります、おります、注意します、とのことでした。

なぜ私に、割と遠い関係の人へ伝言をお願いする人がいるのか、いまだに理由はわかりません。

怪 その百二十四　ずっと住んでいる

あれは私が結婚して間もなくのころ、10年以上前の話です。

我が家は、長い間空き家だったのを、結婚を機に義父母が改装してくれた古い家です。

昼間、私はひとりで家にいて、二間続きの和室のひとつで昼寝をしていました。

その時、誰かが部屋の中を走り回っているのに気づきました。
部屋には座卓が置いてあって、その周りを何周もしているようでした。
その足音は軽く、幼児のようで、楽しそうに何度も座卓の周りを走り回っています。
けれど、息遣いや声はなく、ただ裸足が畳をするような足音だけが、聞こえます。
おかしいと思って起きようとしましたが、身体がまったく動かせません。
目を開けようとしても、開けられません。
と、その時、今まで走り回っていた足音がふと止まりました。
部屋の中を走り回っていた誰かが、急に私がいることに気がついたかのように。
まじまじと見つめるような気配がしましたが、目は開けられません。
やがてまた、走り回る足音が再開しました。
やっと身体を動かせるようになって起き上がると、もちろん、誰もいませんでした。
変な夢を見たと思いましたが、主人にも言えず黙っていました。
しばらくたって、仲人さんが私の様子を見に来てくれました。
話をしていると、仲人さんが急に肩の辺りを気にし始めました。
様子がおかしかったので、訳を聞くと、言いにくそうに、何かが肩に乗っかってきた、と言いました。

その人は少し霊感があるそうです。

気味が悪くなって、霊能者に見てもらったところ、ずっと空き家だった我が家に、すでに住んでいる存在がいて、それが後から来た私たち夫婦を訝しんでいる、といわれました。

その人の指示で、お塩とお線香でお清めをしました。

不思議なことは、起こらなくなりました。

怪 その百二十五　涙がどんどん……

念願の長崎観光、すてきな建築物を眺めたくて、お目当ては古い教会群でした。

私はわくわくとたのしい気持ちでふたり旅を満喫していたのに、とある施設に入って、資料展示に近付いた途端、涙があふれてきてしまいました。

ある外国人神父さまについて、信仰と布教に尽くされ、悲しい最期であった、という苦難の一生が、そこの展示パネルには記されていたと思います。

それを読む前から、涙がどんどん……。

私はクリスチャンではありませんし、もちろん、その神父さまには何の思い入れもありません。

なので、自分でも動揺してその場を離れ、慌てて涙をぬぐいました。

するとぴたりと涙がとまりました。

何食わぬ顔をして、同行者のもとへ戻り、先ほどの外国人神父さまの古い写真や資料展示の所へ近づくと、また涙が……。

それを何回か繰り返して、驚きつつも、その場では何がどうなっているのか、説明出来ず。

ただただ、静かに泣いているようにしか見えなかったと思います。

私自身の意に反して、「ご苦労なさったのね」と貰い泣きするかのような、まるで信仰心厚い人間のような反応が起こってしまい、とても不思議でした。

私、浄土真宗なんだけどな。

怪 その百二十六

濡れた白い着物

これは、私が中学生だった頃のお話です。

ふと目が覚めると、白い明るい部屋のベッドで寝ていました。

右手の窓をふと見ると外は真っ暗で、下の方には街の明かりが見えていました。

ああ、なぜだかわからないけど病院のベッドにいるんだ。

ずいぶん高い階の病棟だなあと思い、そのまま窓の外をぼんやり見ていると、下側から白い手がスッと出てきて、窓枠を外から掴んでガタガタと揺らしはじめ、ガラッと窓が開いて白い着物の女の人が、すごい勢いで窓から入って来ました。

黒い長い髪も着物も水でぐっしょり濡れていて、その人が私の首を絞めようとこちらに襲いかかってきた時、ハッと目が覚めました。

夢を見ていたのです。

月明かりがカーテンの隙間から入ってきていて、ああ自分の部屋だと実感し安心したのですが、右の頭に冷たい何かが当たっている。

目だけをゆっくり右に動かすと、見えてしまった。

こめかみの辺りに、正座した膝がぴったりついている。

それは、ぐっしょり濡れた白い着物。

左前になっている着物の重ねが見えて、これは夢の中に出てきた女の人だとすぐに思いました。

声も出ず、ゆっくり布団を、その人との間に入れて、かろうじて、接している状態からは抜け出せましたが、布団にくるまって震えていました。

あの人は、いつからいて、いつまでいたのでしょう。

怪 その百二十七 夢の中でも

18年前に父が亡くなりました。

不思議なお話です。

父が亡くなった次の年の夏休みに、実家に帰省しました。

私の地元は海が近く、魚がよく捕れるので母と、

「今日はお魚買って、手巻き寿司でもしようか」

なんて話してました。

買い物が終わり、帰り道に突然私の胃が強烈に痛み、ご飯なんて食べられる状態ではなくなりました。

普段はある程度具合が悪くても食欲はあるのですが、その日は痛みに耐えられず、どうしようもなかったので、寝ました。

「あーあ。楽しみにしてたのになー」と残念に思いながら、寝に入り、そして夢を見ました。

亡くなった父が何も言わずにただニコニコして、私のお腹に手を当ててくれていました。

父の最期に立ち会えなかった私は、夢の中ででも父に会えたことがとてもうれしくて、大泣きしました。

その時泣いた勢いで目が覚め、はっ！　としました。

あんなに痛かった胃が治ってたんです。

きっとたのしみにしてた夕飯を食べられなくなることをかわいそうに思った父が、治してくれたんだなと思いました。

思い返すといろいろなことがありました。

父が亡くなった日、泣き疲れて寝転がりながらぼーっとしていると、足元から冷たい風がフワーッと吹いてきたかと思うと、あたたかい何かが私を包んでくれました。

それは誰かに抱きしめられているような心地よさでした。

父が亡くなったのは10月中旬。

その頃実家はそこそこ寒いので、窓を開けていることはありませんでした。

留学して外国にいた時も、毎日不安で仕方なかった時、突然夢に出てきてくれて、ニコニコしながら私を見てました。

次の日から不安はまったく無くなり、その日を境にすべてがたのしくなりました。

その時着てた父の服装を細かく姉に伝えたところ、それは父が大好きで外出する時は必ず身につけていた服装一式なので、姉が棺に入れたものらしいです。

今までいろいろあっても毎日幸せにたのしく過ごせているのは、きっと父が近くにいて守ってくれてるからなんだと思います。

怪　その百二十八　部屋に降る雨

私が中学生の頃、受験勉強真っ只中の、真夏の夜のことです。

その日の授業の復習を終えて、床についたのは夜中の1時過ぎでした。

部屋の電気を消して横になり、タオルケットをかけました。

すると、タオルケット越しに、水がポタタッポタタッと落ちてくる音と感触がします。

あれ？　と思い、手のひらで表面を撫でてみました。

が、まったく濡れておらず、何かが触れるということもありません。

そのうち、ポタタッタタタタッザザザーッ！　と、にわか雨のような音が部屋に鳴り響き、何かがタオルケットの全面に降ってきました。

ベッドから起き上がり、電気をつけ、表面をじっと観察してみました。

やはり濡れてないし、小さなたくさんの虫が跳ねているわけでもない……。

しかし、よーーーく目を凝らして見ると、それが当たっている表面が音とともにほんの少し凹んでいるのがわかりました。

目に見えない何かが当たっていますが、不思議なことに、私の身体には当たってきませんでした。

若い私は、なぜかこわいとは思わず、いったいぜんたい、これは何という現象だろう？

と、ポコポコ凹むタオルケットの上を眺め続けました。

半時間ほどで雨（？）は止み、静かな部屋に戻りました。

明日みんなに話そう（呑気だなぁ）！　と再びベッドに横たわったその瞬間。

ドォオオン!!

と、太鼓のような音が轟きました。

まるで部屋の真ん中で太鼓を思い切り叩いたような。

さすがに震え上がり、一目散に母のいる部屋に駆け込みました。

外は、影が落ちるほどの明るい月夜だったのを覚えています。

その後もその部屋では不思議なことが起き続けましたが、これが一番不可解でした。

怪 その百二十九　呼吸が止まっても

呼吸が止まっても、心肺が停止しても、大脳が生きているので、数分は耳が聞こえている、と言われていますが、ほんとにそうかもと思えた話です。

わたしの母親は、52歳の若さで、難病に指定されている病気により数年間闘病生活を送っていました。

そして亡くなったとき、私は思わず
「お母さん！　また会おうね！」

と叫んでいました。

親孝行もろくにしていない、当時、離婚問題も抱えて、心配ばかりさせているような娘になんかもう会いたくないかな、って思いながら。

亡くなったその日の晩、悲しみでいっぱいだった私ですが、叔母たちが母親の若いころの話をおもしろおかしく教えてくれて、思わず大笑いしたとき。

亡くなってる母親の顔を見ると、笑い皺ができるくらい笑顔になっていてびっくりしました。

それを見たら、母親がいまは楽になったのかなと思い、うれしくてまた泣き笑いしました。

そんなとき突然、わたしの父親が「うるさい!」と母親とわたしたちのいる部屋に怒鳴り込んできたのです。

父親はこんなふうに自分の意に沿わないときは怒鳴ったり叩いたり蹴ったりする人なのです。

母親も私も姉も、この父親のことでほんとうに辛い思いをしてきました。

「こんなときまでこの醜態」と、わたしは父親に対して怒りを通り越して呆れた思いで、ふと母親の顔をみると、母親の顔も同じように呆れたって表情に変わっていました。

私はなんとも言えない気持ちでいっぱいになりました。

その後、母親の顔からは表情がなくなりました。

いま思えば、私たち姉妹のことを心配しながら、自分の姉妹の昔話も聞きつつ、去り際を待ってたのかなぁと考えたりしています。

でも、父親の変わらない態度を見て、「さ、もう行こう」って思ったんだろうなって。

その後、母はどこかには行ってしまったのですが、私がほんとうに辛いときは必ず夢に現れてくれます。

母が夢に現れたら、

「あー、私、無理してたんだな」

って思って自分をスローダウンさせるときです。

さて、その父親が亡くなる際ですが。

私はちゃんと「ありがとう」と言ってさようならすることができました。

そんな娘に育ててくれた母親には、ほんとうに感謝してます。

そして、余談なのですが。あんなに憎らしい父親ですが、亡くなったときは半眼半口の美青年になっていました。

母親はきっとその見た目に惚れたっていうのもあるなってちょっと笑ってしまい

ました。

怪 その百三十 早く見つけてあげれば

当時私は中学校を卒業し、高校がはじまるまでの長い春休みに入っていました。夕方に愛犬を散歩させるのが日課で、その日もいつも通りに散歩に出かけました。私の家は坂道の途中に立っており、坂を下ると田んぼと畦道が続いていて、そこがいつもの散歩コースです。

犬を連れて坂道を歩いていると、下から顔見知りのHさんが飼い犬を連れて上がってきました。

Hさんは中年の女性で、私の家のすぐ下にある家に住んでおり、お隣さんということで挨拶をしたり、よく会話をする関係だったと思います。

挨拶をしようかと思いましたが、お互い犬を連れていたので犬同士が喧嘩になると思い、道路を渡って反対側の歩道に移ろうとしました。

その時、Hさんの顔がチラリと見えたのですが、顔の皮膚がまるで煤を塗ったように真っ黒で、目と歯だけが剥き出しになっていました。

真っ黒な顔で白目を剥いた姿が不気味で、話しかけることはできませんでした。

その次の日、祖母と自宅でお昼ご飯を食べているとインターホンが鳴り、祖母が外に出ていきました。

戻ってきた祖母は難しい顔をしていて、何があったのか僕に話してくれました。

今家に来たのは警察の方で、Hさんが亡くなっていたというのです。

持病で、キッチンでうつ伏せに倒れたまま息を引き取られたそうなのですが、時期はおそらく1週間程前だったそうです。

その頃、前の週から地元は台風の影響を強く受け、朝から晩まで雨が止まない日がよくありました。

Hさんの遺体はうつ伏せに倒れたままだったので、湿気のせいで顔が真っ黒に腐敗してしまっていたそうです。

昨日話しかけなくてよかった、とその時はほっとしましたが、今は、もっと気にかけて、早く自分が見つけてあげればよかったと思っています。

怪 その百三十一
いろいろなことがある家

私が小学生の時、家族と祖母で古い中古の一軒家に引っ越してきました。

この家には今でも家族が住んでいるのですが、いろいろなことがありました。

引っ越した当日からしばらく、犬が、誰もいないところにずっと吠えていました。

夜中、階段を走って登り下りする子どもの足音が鳴り止まないこともよくありました。

廊下のすりガラスから、子どもの足首だけが見えたり、背の高い男性がただ廊下を行き来する影が見えたという家族もいました。

寝たきりの祖母が夜中「もうやめて！」と叫んだので駆けつけると、子どもが祖母のベッドを囲むようにぐるぐると走り回っていたそうです。

それを聞いた兄は、自分も同じことがあった、と言っていました。

弟は、経験してもいないリアルな戦争の夢に連日うなされたようです。

父は寝ているところに足元から女が這い上がってきた、と怯えていました。

住んでから数年経ったころ、母が知り合いから八方除けのお札が有名な神社を紹介してもらい、それを貼ることになりました。

すると、それまで起こっていた不気味な現象がパタリと止みました。

しかし、それから程なくして、私がひとりで留守番していた時のこと。

「おーい！　〇〇！　開けてー！」

と、バンバン戸を叩く音と父と母の声がしました（その頃うちのチャイムは壊れていました）。

鍵を持っているのに開けて欲しくてわざと人を呼ぶことがよくあるので、いつもめんどくさいなと思っていたのです。

この日は私の機嫌が悪く、

「自分で開けてよー！」

と突き放しました。

そしてずっと無視していたら声がしなくなって、あれ？　と思って玄関の擦りガラスの扉を確認したら誰もいないようでした。

なんだったんだろうと思っていたら、母が二階から降りてきてびっくりしました。両親とも出かけておらず、寝室で寝ていたそうです。私がアルバイトから帰ってきて二階に上がらず、そのままリビングでゆっくりしていたので、ふたりがいることに気づきませんでした。外から両親の声を真似て戸を叩いて家に入りたがってたあれは、なんだったんでしょう……。

あの時開けなくてよかったと思う出来事でした。

怪 その百三十二 追いかけてくる父

当時、私は第2子を妊娠していました。

その頃、父が脳梗塞で亡くなり、葬儀の日から私は奇妙な夢を毎晩見るようになりました。

その夢というのが、大きな円上を何人かと間隔をとって歩いているのですが、しばらく歩いて行くと四角い棺が置かれていて、亡くなった父が起き上がって来るのです。

夢は毎回エスカレートしていき、近づく私を、父は棺の中に引きずり込もうと追いかけてくるのです。

そんな夢を父の四十九日まで見続けました。

法要の日の帰り、兄夫婦と義姉の親戚のAさんに車で自宅まで送って貰いました。

車の中で私が夢の話をしていたら、運転をしていたAさんが、

「お墓参りをすればいいですよ」

と言ってくれたのです。

後日、夫と父のお墓参りに行くと、嘘のように父の怖い夢は見なくなりました。

ただ、助言をしてくれたAさんはしばらくして病にかかり、あっという間に亡くなりました。

父はAさんをとても信頼していたので、ひょっとして、私の代わりにAさんを連れて行ったのかなとも思いました。

そして私は、父と同じ辰年の、同じ誕生月の10月に元気な息子を出産しました。

怪 その百三十三 母の不思議な体験

私の母には、不思議な体験が3度ありました。

1度目は、防空壕にあった鏡の中でのことです。

見たことのないおしゃれな帽子をかぶった男性が、すてきな商店街（あとから、いわゆる歩行者天国だったとわかったらしい）を歩いていて、4歳の母に、戦争がもうすぐ終わることを教えてくれたそうです。

2度目は、義弟（私の叔父）が亡くなった日。

その日はご遺体に会うことができず、夜、床についていると、義弟が寝室に入ってきて、横顔しか見せてくれないので「こっちを向いて」と頼んだが「こわがるから右側は見せられない」、と。

事故で亡くなって右側を損傷してしまっていた、と翌日知ったそうです。

3度目は、孫（私の息子）を親戚のペンションに連れて行った時。

森の深いところに建っていて、周りには何もなく、数日前、近くに雷が落ちてテレビも故障しており、早く床についたそうです。

窓際にベッドがあり、その窓に背中を向けて、孫を抱くように横になっていたところ、突然全身が総毛立ち、背中に強烈な視線と殺気を感じたそうです。

絶対振り向いちゃだめ！　と思い、「私は〇〇（孫）を愛してる愛してる愛してる」と心で念じ続けていたところ、お腹がカッと熱くなり、それと同時に、気配が消えたそうです。

母は、「私は悪いものは見ないから大丈夫〜！」と言っておりましたね。

今は亡き、母の話です。

怪 その百三十四 いつもの予約の声

友人の、ちょっと不思議な話です。

航空券といえば、まだネット予約はなく、窓口か電話予約が一般的だった頃です。

友人は東京で、国内便の航空券予約受付の電話オペレーターをしていました。

出張や帰省等、よく利用されている方の声は最初のやりとりだけでも、誰だかわかるようになったそうです。

なかでも常連客の男性Aさんはビジネスマンで、関西出張の多い方でした。

ある時、Aさんからまたいつものように、予約依頼の電話がありました。

友人はいつものように、Aさんのお好みの位置の座席を取り、予約内容確認をし、

「それではA様、お気をつけていってらっしゃいませ」

といつものように言って切ったそうです。

急なご予約以外は、出発便の前（たしか出発2日前か前日）に、確認のご連絡の電話を、オペレーターからかけるという決まりでした。

Aさんの場合は出張だったので、Aさんの職場にかけたところ、電話に出た相手の様子がなんだかおかしい……。

とても言いにくそうに、

「あの……、Aは先日亡くなりました」。

驚いて声も出ない友人に、Aさんの職場の人が言うには、こうでした。

たしかにAさんは大事な案件があり、出張予定だったが、その関西出張に行く前に、心筋梗塞で急逝したと。

日時をきくと、友人が予約依頼を受けた時点では、もうとっくに亡くなっていたことになる……。

でも私はたしかにAさんからの電話を受けたし、いつものようにしゃべったのに……、友人は戸惑いつつも、ことの顛末を上司に報告しに行きました。

すると上司は驚きもせず、「たまにあることだから」と、粛々とキャンセル処理を指示したのだそうです。

Aさんは余程その仕事が気がかりで、行かなければ！　という気持ちが強かったのでしょう。

「でも、あの少し急いでるような話し方も、声の大きさも、ほんとうにいつものAさんとまったく同じだったの……」

と話す友人の言葉が印象的でした。

怪 その百三十五 不思議なひいおばあちゃん

私のひいおばあちゃんは心臓が弱く、私が物心ついた時にはすでに寝たきりでした。

目もほとんど見えていないと聞いていましたが、ひ孫の私にお小遣いをくれる時に、金額を間違うことなくお財布からスルリとお金を取り出す、何だか不思議なおばあちゃんでした。

そんな不思議なひいおばあちゃんのお話です。

私の家は当時、トイレ、お風呂が別棟の、いわゆる古い家だったのですが、ある時、トイレに行った時に、トイレの戸口からひいおばあちゃんの手がチラリと見えました。

あー、ひいおばあちゃんもトイレかぁとしばらくその場で待っていましたが、5分ほど待っていても出てくる気配がなかったため、「ばあちゃんまだ?」と声を掛けましたが反応なし。

おやっと思い戸を細く開けて中を見ると、誰もいない。

見間違いかぁと思い、私はトイレを済ませ母屋に戻りました。

そしてひいおばあちゃんの部屋の前まで来てやっと、

「ひいおばあちゃん、寝たきりだから部屋から出ないじゃん！

やっぱり見間違いだよね」

ということがありました。

これだけなら、見間違いで済んだのですがその後も何度か、自室で寝ているはずのひいおばあちゃんの姿を家の中で見てしまうことが……。

一番ビックリしたのは、ひいおばあちゃんの部屋から、ひいおばあちゃんの首だけが転がって来たこと。

この時ばかりは、ひいおばあちゃんの部屋へ飛び込んで、首がもげていないか確認しました。

こんな体験をしたのは、すべて小学校に上がる前。

体が弱く、保育園にほとんど行けなかった頃の話です。

たぶん、家で手持ち無沙汰なひ孫を、ひいおばあちゃんなりにからかったのかな？と思ったりしています。

なぜなら、これはすべてひいおばあちゃんが生きていた時に起こったこと。

私が小学校5年生の年に93歳で亡くなりましたが、亡くなってからはまったくその様なことは起こりませんでした。

今思えば、直接ひいおばあちゃんにこのことについて尋ねなかったのを後悔しています。

でも、答えによっては、怖いですよね？

怪 その百二十六　山の雪と足音

私の父が20年前に体験した出来事です。

父の趣味は登山で、その日は日本百名山のひとつに数えられる山を登っていました。

春の暖かい日差しの中、父は順調に進んでいましたが、山頂付近の岩場を歩いていたところで天気が急変、季節外れの雪が降ったそうです。

自分がいる場所の近くに山小屋がないことを確認した父は、この雪はすぐに止むと判断。

雪が止むまで持参したテントを岩陰に設置し、やり過ごすことにしたそうです。

雪はあっという間に積り、地面が白くなったころ、遠くの方から

「ザッ……、ザッ……、ザッ……、ザッ……」

と、登山靴で雪を踏みしめる音が聞こえてきたのです。

父は一瞬、「こんな雪の中をわざわざ歩くのか」と思いましたが、すぐに「ああ、これは生きている人ではないな」と感じたそうです。

父は普段、霊感はありませんが、山の中では不思議な出来事に何度も遭遇しているらしく、その時もなぜか直感でわかったらしいのです。

足音が近づいてきても、テントの外に出てはいけないような気がして、テントの中でじっと目をつぶり、「どうか俺を連れて行かないでくれよ」と呟いたそうです。

足音は確実にテントに近づき、

「ザッ……、ザッ……、ザッ……、ザッ……」

という音がいよいよテントの前まで迫っていました。

すると今度は、テントの周りをぐるぐる回るように、

「ザッ、ザッ、ザッ、ザッ」

と足音がテントに響きました。

父は、何者かがテントの入り口のジッパーを開けるような気がして、こわかったと言います。

テントの周りを歩く足音は、5分ほど続いたそうです。

足音はテントの入り口付近で急にぴたりと止み、そのまま聞こえなくなりました。

空気がふっと軽くなったような気がして、思い切って外に出てみると、降り積もった雪の上に足跡はまったくなかったそうです。

父は、

「あれは、山で遭難した人の魂がいまだにさまよっているのではないか」

と後に語っています。

怪 その百三十七

窓に映る女性

山手線の田町駅と品川駅の間に高輪ゲートウェイ駅ができる前のことです。

その日もつり革につかまりながら、ぼんやりと窓から景色を眺めていました。

窓には後ろのシートに座っている乗客が映りこんでいました。

その中のひとりが、なにかを気にするように振り返って、窓の外を見ていました。

年配の、華やかな雰囲気の女性です。

田町駅〜品川駅間は長いものね。

乗り過ごしたのかと不安になっちゃうよね、と、窓に映りこむ女性を見ていましたが、何かがおかしいのです。

よく見ると、年配の女性と、その隣の若い女性の座席位置が「前後に」ずれているように見えるのです。

きっと光の加減で歪んで見えるんだな……と、目を凝らして窓に映りこむ乗客を見ましたが、どうも若い女性だけが、もうひとつ別のシートを用意されたかのように、他の乗客よりも前に座っているように見えます。

とても同じ長いシートに座っているようには見えません。

年配の女性はまた振り返って窓を見ています。

若い女性は動きません。

これは……あれだ。

若い女性があれだ。

振り返ったらいないやつだ。

怖いから、もう思いきって振り返ってしまえ！

振り返ると、後ろのシートに若い女性はいました。

寝てました。

ところが、若い女性の隣に座っていたのは、スーツ姿の男性でした。

あの年配の女性はどこにも座っていません。

車内を見渡してもいませんでした。

慌ててもう一度窓に目をやると、長いシートに座っている乗客が映りこんでいるだけでした。

品川駅に着く前に、あの年配の女性は降りてしまったのでしょうか。

怪 その百二十八 夕暮れの背中

昔、私と妹は、二階にある部屋の二段ベッドで寝ていて、私が上の段でした。

ある日の夕方、私がベッドでうつらうつらしていた時、一階から母の呼ぶ声が聞こえました。

ベッドの階段を降り、ふと見ると、下のベッドに妹がいました。

彼女はこちらに背を向けて、壁側に向かって座っていました。

夕暮れの薄暗くなってきた部屋の中、彼女の着ていた白と青の横縞シャツがとても目立っていたのを覚えています。

私は「何してるのかな?」と思いつつ、声をかけずに一階に降りました。

一階にいた母に用件を聞くと、母は、呼んでいない、と言います。

寝ぼけたかな……と思っていた時、部活か何かで遅くなった、と、妹が帰ってきました。

「あれ？　二階にいなかった？」

「今帰ってきたんだよ」

その時初めて私は、座っていたのが妹ではなかったと気づきました。

だいたい、妹は、あそこまで短い髪ではなかったし、あんな服は持っていなかったし、そもそも女性だったのか……。

しかし、思い出そうとすればするほど、あやふやになるのです。

ただ、まったくこわくなかったことと、青と白のストライプだけは、今でもはっきり覚えています。

怪 その百三十九　父との夜食

高校の卒業旅行で日光へ。

夜、華厳の滝の掛け軸の前で怪談大会に。
こわがりの友人は、
「こわいはなしをすると幽霊が来るんだからやめてよ！」
と耳をふさいでいました。
お菓子はたくさんあったけれど、私は
「あー、おなかすいた。
うどんとか、ごはんとか、お菓子じゃないものが食べたいなー」
とつぶやいていました。
そんなものはないので、そのまま過ごし、旅行は終わりました。
帰宅してみると、家族が不思議なことを言っていました。
「あなた、昨日、家にいたよね？」
遅く帰宅した父と私は、昨夜、夜食を食べていたそうです。
炊き込みご飯を。
母がその会話や音を、寝室で聞いていたそうです。
「あれ？　おかしいな。

あの子、旅行中だったのに……」

と思いながら。

朝には、私が使った、茶碗や箸が残っていたそうです。

その数日後、父は急死しました。

小さい頃から、父と私は、夜食をふたりで食べる習慣がありました。

しかし、父の仕事が忙しくなり、私も思春期で、話もあまりしなくなっていたので、しばらくのあいだ、ふたりでの夜食は、食べていませんでした。

私が生霊となって、父と最後の夜食を食べるために、現れたのでしょうか？

怪 その百四十 守られた家族

今週あったお話なんです。

夜に慌てて帰ってきた息子が、肩で息をしながら話したこと。

塾から自転車での帰り道、普段は通らない抜け道を通ったそうです。

暗い中、ぽつんと街灯があり、その下にカーブミラーがあって、そのオレンジのカーブミラーのポール部分を、片腕を伸ばしてつかんで立っている、おばあさんらしき人がいたそうです。

赤いロングスカートをはいて、上半身は白い服。

どこを見ているのかわからない。

「おばあさん、派手な服、夜10時すぎ、カーブミラーをつかんで立っている？」

もしかして徘徊とかで、保護の連絡をした方がいいのかもしれない。

と思いながらその人に自転車で近づくと、もの凄い鳥肌が立ったので、急いで通り過ぎて、振り返らず、自転車をこぎまくり帰ってきたとのこと。

おばあさんだけど人じゃないと思う、何かわからない、と大騒ぎ。

しかし、ひとしきり話すと落ち着いたようで、自分から、塩で体を洗うわと言い、入浴を済ませ、自分の部屋に入っていきました。

その後すぐ、主人が煙草を吸うために玄関を出た時、壁の並びにエアコンの室外機があるのですが、その影に、人でない、動物でもない、黒い何かがいる。

うずくまっているのを感じたそうです。

自分は幽霊は見たことないけど、何かがいる。

もしかして息子が見た何かが、ついてきたのではないか、と、主人が走って部屋に入ってきてそう訴えるので、慌てて塩を玄関の外に撒いたりしました。

しばらくして、その気配は消えたようです。

じつはつい先週、主人がとある神社に行った際、砂のお守りをいただいて帰っており、それを玄関や家の外に少しずつ置いていたのです。

特に何かあったからという意味でもなく、何かから守っていただけるかもしれないね、いいことがあるといいね、と無意識に置いたものでした。

だから、その何かはそれ以上近づけなかった、家に入れなかったのだろうと感じました。

守ってもらったのだと家族で話しています。

怪 その百四十一 丸い重み

母の知り合いの家で、仔猫が母猫をいじめてしまうので母猫を貰って欲しい、と言われ、飼い始めた猫のことです。

アメショ模様で顔が丸く、雌なのに「ぽん太」と名付けられ、成猫でしたが人懐こくて、我が家にもすぐに馴染みました。

ある時、家の前を通った子どもたちから
「マリーじゃないの？　マリー（おそらく前の名前かと）」

と呼ばれた時、振り返り、ちょっとそちらに行きかけたのを見て思わず、

「ぽん太おいでー！」

と呼ぶと、トコトコと駆け寄って来たのを抱きすくめ
「お前はうちの子だからね、行っちゃダメだよ」

と耳元に囁いたのを覚えています。

夜は私の部屋に来て布団の足元に丸まり、時には脚を枕に寝ていたぽん太。

そうして3年程経った冬の日でした。

会社から帰ると、いつも出迎えてくれるぽん太が姿を見せません。

いつも寝ている座布団にも見当たりません。

「どうしたの？　ぽん太は？」

畑から戻って来た父がひとこと。

「あいつ、裏に出て轢かれちまった」

ぽん太の亡骸は、私の帰る前にすでに埋められていました。

仏壇で拝んでも悲しい気持ちは晴れません。

「ぽん太〜ぽん太〜」

私がぽん太の墓の前に座り込んで、暗くなっても名前を泣きながら呼んでいると、

「ごめんな、お前が来るまで埋めなきゃよかったなぁ」

父もぽん太を可愛がっていたので、自分が責められているように感じたのでしょう。

その夜中、なかなか眠れずにいた私は、遠くから近づくペタペタという足音を聴きました。

そして右脚に小さな物が寄りかかる気配。

ぽん太です。

いつものようにねんねに来たのです。

ああ、来てくれた、ぽん太。

助けられなくてごめんね、道が近い家でごめんね。

涙がまた溢れてきているうちにそのまま寝てしまいました。

そのことを誰にも言えず仕事に行きましたが、悲しい気持ちがわいてきて、結局早退してしまいました。

その次の夜も同じ頃にぽん太はやってきました。

丸くて軽い存在が確かにそこにある。

微かに上下しているような気配もする。

ありがとう、今日も来てくれたんだねぽん太。

ありがとうね、おやすみなさい。

3日目の夜もぽん太はやって来ました。

ペタペタという足音は、最初足元に来て止まり、布団をひと回りすると枕元で止まり、「にゃあ」と鳴いたような気が。

ハッとして起き上がるともうそこには何の気配もありませんでした。

今夜が最後だったんだね、もう泣かないでねって言って帰って行ったんだ。

また毛皮を変えて帰っておいでね。

今の猫たちを飼う前ですから、20年以上も経っているのですが、あの時の丸い重みを覚えているのです。

怪 その百四十二　その通りだから

10年近く前のこと。

私の職場と同じフロアの会社のAさん（50代の男性）が、車を運転中に事故に遭いました。

片側2車線の道路を走行中、車線変更をしたところ、後ろから大型バイクがAさんの車に突っ込んできたのです。

Aさんは無事でしたが、大型バイクの男性は亡くなってしまいました。

Aさんは数日間勾留されましたが、その後釈放されて、出社できるようになりました。

彼は、ちょっと気難しいところもありましたが、誰とでも明るく世間話をするようなおじさんでした。

が、事故後はその様子が一変。

急に白髪が増え、見るからにやつれて、気の毒になる程いつも暗く思い悩んでいるような様子でした。

そんなある日、私の夢に見知らぬ男性が現れました。

背は高くはありませんが、体格のがっしりした30代ぐらいの若い人です。

その男性は
「あなたにお願いしたいことがあって……。

あなたに言えばきっと伝えてくれると思って」

と私に言いました。

そして
「あの人はひどく思い悩んでいるけど、そんなに気に病まないでほしいと伝えてほしいんです」

と続けました。

「私も悪かったんです。

買ったばかりのバイクで調子に乗ってスピードを出し過ぎて。

気が付いたらあんなことになっていて。

はじめ、自分で何が起こったか分からなくて、起き上がろうとしたらそのまま意識が無くなってしまいました。

でも、痛くも苦しくもなかった」

と言うのです。

「だからそんなに、これ以上苦しまないでほしいと、あの人に伝えてください」

と。

私が
「わかりました。Aさんに伝えますね」

と言うと、彼はすうっといなくなりました。

数日後、廊下でAさんに会ったので、私は思い切って声を掛けました。

「信じてもらえるかどうかわかりませんが」

と前置きしたうえで、夢で見たこと、男性から預かった言葉をAさんに伝えました。

私の話を聞いたAさんはとても驚いた表情で、

「信じます。

まったくその通りだから」

と言いました。

大型バイクが衝突して来て、次の瞬間には乗っていた男性が道路に倒れていて、慌てて車を降りて駆け寄ったら、バイクの男性が起き上がろうと上半身を起こしたけれど、そのまま地面に崩れるように倒れたこと、警察の調べで、バイクが大幅に速度超過していたこと、男性は初めての子どもが生まれたばかりの若いお父さんだったこと、そして、ほぼ即死の状態だったこと。

すべて符合すると言うのです。

「痛くも苦しくもなかったんですね。

それを聞いて、少し気が楽になりました。

話してくれてありがとう」

とAさんは私に言いました。

その後Aさんは退職し、会うこともなくなったので今どうしているかはわかりません。

亡くなった男性のご家族も、どうか幸せに暮らしていてほしいと願ってやみません。

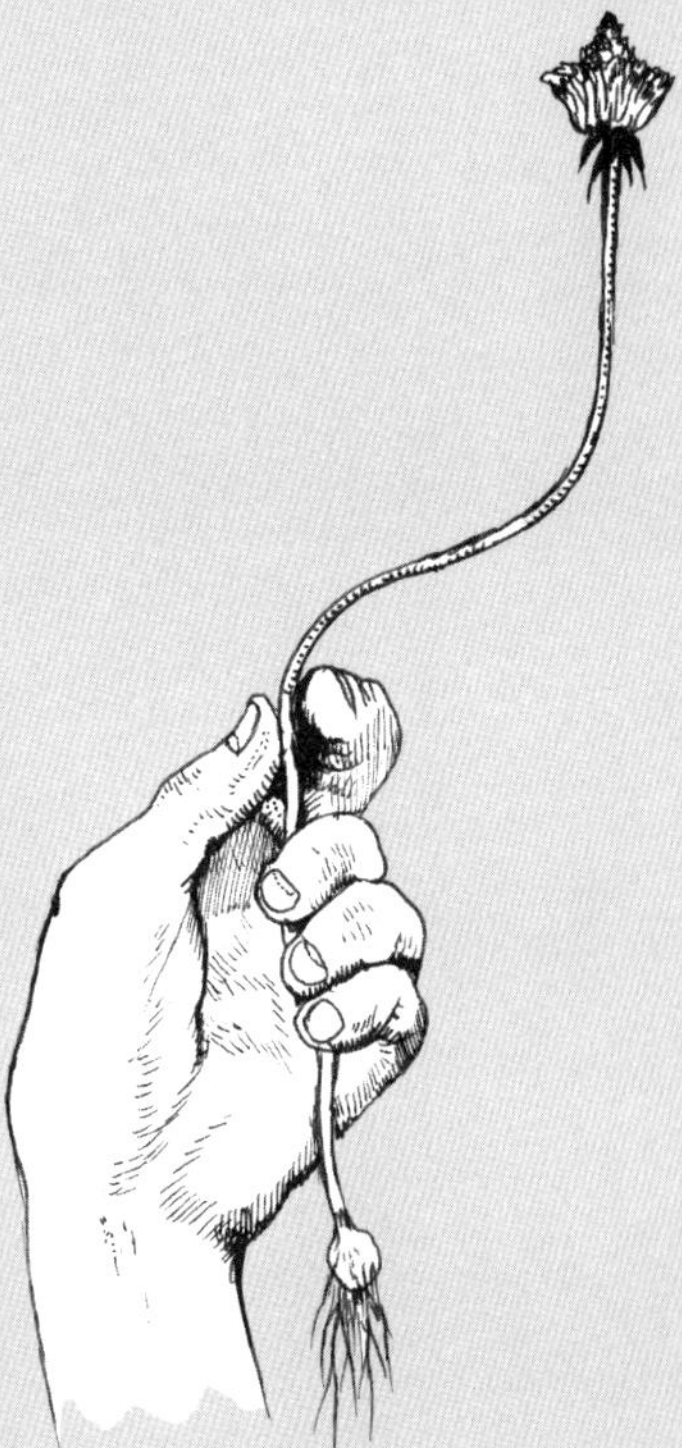

装画・挿絵　ヒグチユウコ

Yuko.Higuchi
2022

ネエネエズのパッチワーク

塩野米松（作家）

怪談は人に話すことによって完成する。自ら体験しても、誰かから聞いても、記憶の底に眠らせてしまえば、そこで終わってしまう。だけど、なにかのはずみや、ふとそんな気になってあの出来事を話してみたくなることがある。

話が通ずる相手に出会えたときに、小さな声で、「聞いてくれる？」と話し始める。話を始める前に「信じてもらえないかも知れないけどさ……」と前置きをするかも知れない。

聞き手の表情を見て、話を続けるか迷う。話しかけた時点で聞いてもらえると思っていたが、期待した反応をしてくれるだろうか？

「うそー」

「無理無理、あり得ない」

「気のせいだってば」で終わってしまうかも知れない。

怪談は心の絆の踏み絵である。信じられる相手とみた私がバカだったのか。自分の目を確かめる試練だ。同時に、相手が真に心を通わすことができる相手かを確かめるための。

そんな大げさなと思われる方は、怪談の真実を知らない人である。

ものを語るというのは舞台の始まりである。何を語るかで「わたし」になれる。語った話が「わたし」を決める。口から出た言葉は嘘でも笑い話でも告白でも、その人の内から出た言葉である。でたらめであっても、とにかくその人から吐き出されたものなのである。

ややこしくなりそうなので、断っておく。ここで漢字で書く「私」は、この文を書いている私である。私の主な仕事は「聞き書き」である。話を聞くことを職業としている。聞いた後に書くのであるが、ずいぶん多くの方々の話を聞いてきた。一応その道のプロである。話はただ聞くということはない。聞くためには私も話す。こうした場合でも、話す場というのはいつも踏み絵を踏みあうようなものである。笑ったり、手をたたいたり、時には相手の話に泣いたりもするが、多くはうなずきで成り立っている。うなずきは同意であり、リスペクトであり、「続けてください」という催促である。

私は仕事の話を中心に聞くのだが、生い立ちや家族のこと、さまざまに及ぶ。ときには怪談に近い話しも出てくる。それはいくつかの踏み絵を踏んだ後に、「じつは…」で挿入される。聞いてもらえると思ったから出てくることなのだ。

ここで披露したらろうそく3本をもらえる話しもある。それはいつか、また。

とにかく、人が話すときには、自分は心に透き間を空けて、聞き手を受け入れたときなのだ。そして口を出た言葉にはその人の大事な何かの断片が含まれている。それは小さな欠片であるが、たくさん合わせれば、ジグソウパズルは完成し、「わたし」が姿を現す。

私の仕事は断片を集めて像を造ることだ。だから、言葉の欠片が持つ真実を知っている、つもりだ。話は挨拶であり、自己紹介であり、告白である。やりとりが始まれば、そこには聞き手の姿も映る。おしゃべりは合わせ鏡なのだ。「怪談なんて」と疑い、バカにして聞いているあなたの姿も映っている。話というのはいつも整理された引き出しから出てくるわけではない。何かのきっかけさえあれば、本人さえ忘れていた話さえ出てくるものである。口から出てしまった言葉に自分が驚くことも少なくない。吐き出される言葉を十分な用心や警戒心を持って制御するか、そういう訓練を受けた工作員でなければ、抑えはきかないものである。前の言葉にくっついて記憶の底からずるずる出てくる。おしゃべりは、だから楽しく、冒険や危険が伴っている。秘密があるならおしゃべりの仲間にはならないことだ。

怪談の話し手と聞き手のことだ。おしゃべり、会話は互いの協働でできあがっている。怪談は特にそうだ。怪談は本来、書くものではなく、話すものなのだ。読むものでなく、聞くものなのだ。書き手は常に話すつもりで書いている。それが怪談の構造で、怪談の文体をつくっている。

この本のような怪談のアンソロジーは、秘密の断片、「わたし」の一部を集めたものだ。ものでも言葉でも集めてみれば何かが現れてくる。手芸に「クレージーキルト」というものがある。不定形の布を集めて作るパッチワークだ。ものが集まれば紋様が浮かぶ。それが何に見えるかは見る人のセンスや経験、生き方にかかっている。

怪談は「ねえねえ。聞いてよ」と始まる。ネエネエは秘密の　でなのだ。

あれ、文字が消えて見える人がいる？

聞き書きは最後に話し手に原稿を見せて確認をとる。その時、書かれて困ることは消されて返ってくる。もし、文字が消えて見える部分があるなら、それは私が書かなかったのではなく。書かれて困るという霊か誰かの魂が立ちふさがっているのでは。怪談をバカにして読んではいけないよ。怪談はいつも「ほんとうにあった話だよ」で終わる。

どこかの歴史書に、「読むときには著者の頭なかで書いている音を聞き分けることが大事です。もし何も聞き分けられないとしたら、あなたが音痴であるか、その著者が鈍であるか、どちらかです（笑）」と書いてあった。
この本は選び上手が選択し、読み上手に渡そうとした本です。

（二〇二二年七月）

ほぼ日刊イトイ新聞

ほぼ日刊イトイ新聞は、糸井重里が主宰するインターネット上のウェブサイトです。1998年6月6日に創刊されて以降、一日も休むことなく更新され続けています。PC、スマートフォン、タブレットなどから、毎日無料で読むことができます。

ほぼ日の怪談。

ほぼ日刊イトイ新聞

定価：880円（税込）
ISBN：978-4-86501-353-5

長期連載「ほぼ日の怪談」初の書籍化。１２０編の投稿と取材記事「トントンさん」を収録。２０１８年に発売し、２０２０年にドラマ化も。

ボールのようなことば。

糸井重里

定価：814円（税込）

ISBN：978-4-902516-77-7

糸井重里が書いた5年分の原稿から、こころに残ることばを1冊に。長く、たくさんの人に読まれています。２０１２年発売。

ほぼ日文庫
既刊本のお知らせ

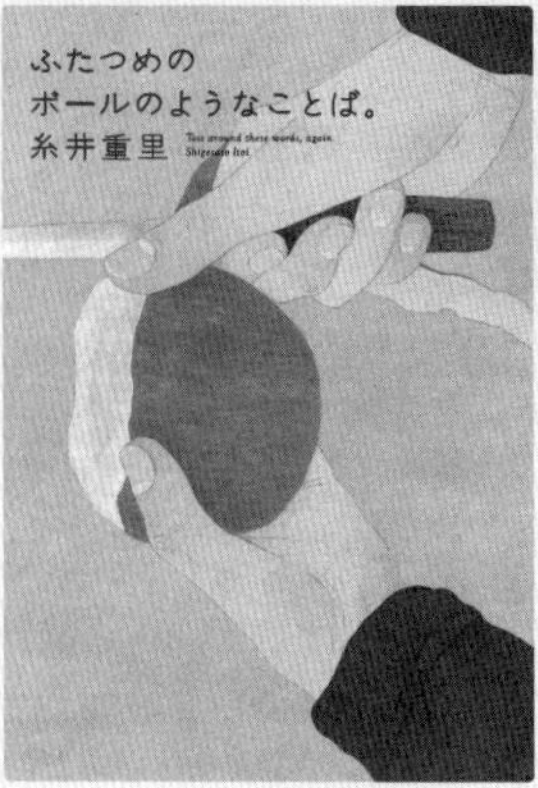

ふたつめの
ボールのようなことば。

糸井重里

定価：本体814円（税込）
ISBN：978-4-86501-182-1

年齢や性別を超えて誰もが読める手軽さと、何度も読める味わい深さが両立した、「ベスト・オブ・糸井重里」の第2弾。
2015年発売。

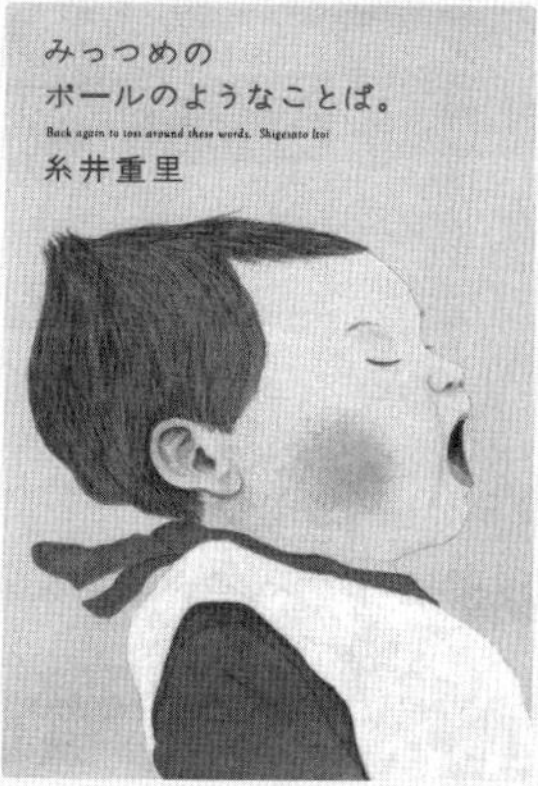

みっつめの
ボールのようなことば。
糸井重里

定価：本体814円（税込）
ISBN：978-4-86501-354-2

糸井重里の毎日の原稿からことばを選んでつくる文庫本シリーズ第3弾。いつでも手の届く場所に置いておきたい一冊。

ほぼ日の怪談　おかえり。

二〇二二年八月一〇日　初版発行

著者　ほぼ日刊イトイ新聞

株式会社ほぼ日
〒101-0054　東京都千代田区神田錦町3-18　ほぼ日神田ビル
ほぼ日刊イトイ新聞　https://www.1101.com/

編集　斉藤里香
協力　岡村健一　菊地俊介　草生亜紀子　倉持奈々　永田泰大
中原真理子
本文デザイン　清水　肇 [prigraphics]
印刷・製本　凸版印刷株式会社

© HOBONICHI　Printed in Japan

法律で定められた権利者の許諾を得ることなく、本書の一部あるいは全部を無断で複製、転載、複写（コピー）、スキャン、デジタル化、上演、放送等をすることは、著作権法上の例外を除き、禁じられています。

万一、乱丁落丁のある場合は、お取り替えいたしますので、小社宛【store@1101.com】にご連絡ください。

なお、本に関するご意見ご感想は【postman@1101.com】までお寄せください。